Eduard Mörike, Jacob Baechtold

Mörike-Storm-Briefwechsel

Eduard Mörike, Jacob Baechtold

Mörike-Storm-Briefwechsel

ISBN/EAN: 9783744655651

Hergestellt in Europa, USA, Kanada, Australien, Japan

Cover: Foto ©ninafisch / pixelio.de

Weitere Bücher finden Sie auf **www.hansebooks.com**

Mörike-Storm-Briefwechsel.

Herausgegeben

von

Jakob Bächtold.

Stuttgart.
G. J. Göschen'sche Verlagshandlung.
1891.

Der Gattin des Dichters

Frau Margaretha Mörike

geb. von Speth

in treulicher Verehrung.

Briefwechsel

zwischen

Theodor Storm und Eduard Mörike.

— —

Zu den Kränzen, mit welchen das deutsche Volk das nordische Dichtergrab am grauen Strande geschmückt hat, sei hier ein grünes Blatt „aus sommerlichen Tagen" gelegt, Erinnerungskunde von zwei teuren Männern, die im Leben und im Schaffen treu und eng miteinander verbunden waren. Dankbar bekennt sich der Jüngere als den Schüler des dreizehn Jahre vor ihm heimgegangenen schwäbischen Meisters.

Die Dichterprofile Mörikes und Storms weisen überraschend ähnliche Züge auf. Die Beiden mit der ausgeprägten Stammesart ihrer Heimat begegnen sich als tiefinnige Lyriker und lyrische Novellisten in ihrer ganzen Gefühls- und Anschauungsweise, in ihrer Neigung zum Stillleben, zum Idyll, zum Märchen, zum Volkslied, im Hinhorchen nach dem Ahnungsreichen und Geheimnisvollen, im Belauschen der verborgensten Quellen der Natur und des Lebens. Mörike und Storm saßen zeitlebens in jenem dämmernden Brunnenstübchen, „wo Kunst und Natur als nachbarliche Quellen rauschen"; dort schöpfte der eine wie der andere seine stillen Geschichten. Auch nach der Seite des feinen Humors hat Mörike in Storm einen verwandten Genossen.

In seinen „Erinnerungen an Eduard Mörike" (1876) erzählt Storm, wie er dessen Gedichte während seiner letzten Studienzeit in Kiel (1838) kennen lernte und in dem „Liederbuch dreier Freunde" hat Theodor Mommsen in einem Sonette den Eindruck wiedergegeben, welchen, „erblühend im geheimsten Thal von Schwaben, des reichen Liedersommers letzte Rose" auf den Kreis ausübte. Nach den Gedichten las man den „Nolten" und war, ohne die Mängel der Dichtung zu übersehen, darüber einig, daß in einzelnen Partieen vielleicht das Höchste geleistet sei, was überall der Kunst erreichbar ist. „Noch entsinne ich mich," erzählt Storm, „wie ich eines Tages beim Eintritt in mein Zimmer einen unserer Genossen, einen eifrigen Juristen, mit feuchten Augen vor meinem Klavier auf einem Stuhle hängend fand; in der einen Hand hatte er das Heft der von Mörike selbst geschätzten Kompositionen von Hetsch, welche damals dem Buche beigegeben waren, mit der anderen suchte er unter Heraufbeschwörung seiner vergessenen Notenkenntnis auf den Tasten sich Agnesens Lied („Rosenzeit") zusammen."

Storm gehörte zu denen, die da glauben, daß die deutsche Dichtung mit Goethe und Schiller sich noch lange nicht erschöpft hat, daß vielmehr gar manche Momente in Leben und Kultur naturgemäß erst nach jenen ihren vollendeteren Ausdruck haben finden können. In lyrischen Dingen z. B. hatte sich bei ihm als unverrückbar die Ueberzeugung festgesetzt, daß hier Goethe die Grenze keineswegs überall erreicht, die so unendlich reiche Menschennatur nicht in all ihren Tiefen erfaßt habe, daß aber Mörike, — soweit solches einem Einzelnen überhaupt möglich — diesem Ziele näher gekommen sei.

Im November 1850 sandte Storm dem also von ihm verehrten Dichter die „Sommergeschichten und Lieder", eine Auswahl seiner Gedichte und ersten Erzählungen zu. Jahre vergingen, bis die ersehnte Antwort aus Stuttgart eintraf. Seitdem blieben sie über ein Jahrzehnt hindurch in brieflichem Verkehre. Wie Storm im Sommer 1855 mit seinen Eltern den Freund im Schwabenlande besuchte, ist aus den Erinnerungen bekannt. Mit dem für Storm so leidvollen Jahre 1865 bricht die Korrespondenz ab. Treulich hielt er jedoch nach des Freundes Tod (1875) zu der Witwe Mörikes. Der hochverehrten Frau danke ich und mit mir der Leser die folgenden köstlichen Stormschen Reliquien [1]). Die Briefe von Mörike übergab mir Theodor Storm vor fünf Jahren zur Veröffentlichung. „Säumen Sie nicht mit Ihrem Mörike-Buch, ich möcht' es auch noch erleben," mahnte er seither. Nun aber ruht auch er „im Bann des ew'gen Schweigens".

Man kennt Mörikes epistolare Art aus dem Briefwechsel mit Hermann Kurz und Moritz von Schwind [2]). Er war ein schweigsamer Mann, der sich selten und knapp gibt. Nur ein einziges Mal (5) rückt er etwas gesprächiger

---

[1]) Brief 12 und 14 befinden sich im Besitze der Herren Dr. Felix Buttersack in Konstanz u. Prof. W. L. Holland in Tübingen.

[2]) Briefwechsel zwischen Hermann Kurz und Eduard Mörike. Herausgeg. von Jakob Bächtold. Stuttgart, Gebrüder Kröner 1885.

Briefwechsel zwischen Moritz von Schwind und Eduard Mörike. Mitgeteilt von J. Bächtold. Leipzig, Verlag des Litterar. Jahresberichts 1890.

heraus. Um so mitteilsamer war Storm. Seine Briefe nehmen stellenweise den Charakter einer förmlichen Hauschronik und Autobiographie an. Sie werden in Zukunft den Rang einer wichtigen Quelle behaupten. Es ist uns auch ein Blick in die beiden Dichterwerkstätten gegönnt: liebe- und verständnisvolles Versenken des einen in die Kunst des andern bildet den Hauptgegenstand der Unterhaltung. So mögen denn die Freunde selber reden!

1. Storm an Mörike.

Husum, im Herzogthum Schleswig,
den 20. November 1850.

Eine Botschaft alter Liebe soll dieß Büchlein an Sie, verehrter Mann, bestellen; verschmähen Sie den Boten nicht, ich bin ein Dilettant und habe keinen bessern. Vor etwa zehn Jahren, während meiner letzten Studentenzeit in Kiel, kamen Ihre Bücher in unsre Hände — „Gedichte", „Iris," „Maler Nolten" — und erwarben sich rasch eine kleine, aber ausgesuchte Gemeinde, wenn anders das rasche instinktartige Verständniß bei der leisesten Berührung des Dichters eben das ist, was dieser zumeist bei seinen Lesern zu wünschen hat. Wie viele Anregung und Befriedigung und reine Freude wir Ihnen verdanken, wie „der sichere Mann" und „die Sommerweste"[1] sich sprichwörtlich bei uns einbürgerten, wie Larkens uns vor Allen anzog, während kein Mädchenherz der Agnes widerstehen konnte, und wie ich dennoch bei soliden Leuten zu Schaden kam, als ich den „Nolten" ihrem Lesezirkel empfahl — für eine Aufzählung alles dessen darf ich Ihre Geduld nicht in Anspruch nehmen. Unsre kleine Gemeinde hat sich seitdem zerstreut, aber bei Allen, mit denen ich in einiger Verbindung geblieben bin, hat sich die unveränderlichste Anhäng-

---

[1] An meinen Vetter. Mörikes Gedichte, 7. Aufl., S. 294.

lichkeit an die tiefe „herbstkräftige" Natur Ihrer Muse bewährt, nur daß jeder in seinem Kreise ihr neue Freunde geworben hat. Ich kann es mir nicht versagen, das Wort eines unserer heitersten Genossen herzusetzen:
„Die echten Lieder halten aus in Sommern und in Wintern,
Sie haben aber Kopf und Fuß, dazu auch einen H— —."

Ihre „Idylle vom Bodensee" konnte ich vor drei Jahren meiner jungen Frau auf den Weihnachtstisch legen. Am Abend darauf saßen wir allein beisammen, und ich fing an zu lesen:
„Dicht am Gestade des Sees, im Kleefeld" — —
und als nun endlich der alte Merten die Klarinette ansetzt, bis ihm das Lachen den Blast abstieß, da kam auch über uns beide das herzerfrischendste Lachen — und ich habe Ihnen nun neben meinem eignen auch den Dank dieser Frau zu bestellen, die in jeder Beziehung würdig ist, den Trank aus Ihren goldnen Schaalen zu kosten.

Endlich, nach vielen vergeblichen Anfragen bei meinem Buchhändler — aber ich wunderte mich eben nicht mehr seit meiner Erfahrung mit dem „Nolten" — endlich kam die neue Auflage der Gedichte; die weißen Blätter, die ich hinter meinem Exemplar hatte einbinden lassen, erhielten nun endlich ihr Recht. Bei der Fülle des Guten und Schönen, die hier hinzugekommen ist, darf ich wohl kaum davon sagen, daß mir hie und da in den alten liebgewonnenen Stücken, namentlich in dem „sichern Mann" und „Peregrina", die Correktur weh gethan hat.

„Ach nur einmal noch im Leben" ist mir ganz ans Herz gewachsen, ich kann mich nicht satt daran lesen; und der „Sehrmann"![1] Ehre sei dem Erfinder für diesen terminus und dem Dichter für die Auslegung. Wie oft haben

---

[1] An Longus. Mörikes Gedichte, S. 235.

auch wir zu unserm eignen Schaden die goldne Rücksichts=
losigkeit gegen dies verruchte Geschlecht in den unnützen
Kampf geführt! — Was dem, der seit Jahren dem Tritt
Ihrer Muse mit Liebe nachgegangen ist, bei den neueren
Sachen ein besonderes Interesse gewähren muß, ist, daß
sie ihn hier mehr als in den früheren in der Umgebung
und dem Kreise Ihres Lebens heimisch macht.

So mag Ihnen mein Gelüsten nun verzeihlich sein,
in diesen mir so lieben Kreis auch einmal selbst hinein=
zutreten. Es ist Winter; vielleicht haben Ihre Frauen
eines Abends wieder Mohn auszuklopfen [1]) — wir kennen
das hier leider nicht — vielleicht ist neben Ihrer Schwester
auch die Namensschwester meiner Frau wieder auf Besuch
gegenwärtig [2]); Sie nehmen dann statt der Hallischen Jahr=
bücher [3]) die bescheidenen „Sommergeschichten" zur Hand
und geben hin und wieder einen Brocken zum Besten.
Sollten Sie aber, was nicht so gar unmöglich wäre, hie
und da eines Rettichs [4]) bedürfen, so will ich hoffen, daß
auch in Ihrer neuen Heimath dieß wackere Geschlecht nicht
ausgestorben ist.

Möge grüner sommerlicher Friede Sie lange noch
umgeben!

Theodor Storm.

2. Mörike an Storm.

Verehrtester Herr! Es ist vor Jahren eine Sendung
mit einem Bändchen Dichtungen und einer Zuschrift aus

---

[1]) Ländliche Kurzweil. Mörikes Gedichte S. 212.
[2]) Frau Pfarrer Constanze Hartlaub, gestorben 1889.
[3]) Ländliche Kurzweil Vers 26.
[4]) Restauration. Mörikes Gedichte S. 322.

Husum an mich nach Mergentheim¹) gekommen. Muß Ihnen das lange Stillschweigen hierauf nicht doppelt unbegreiflich sein, wenn ich versichere, daß wir, ich und die Meinigen, in Ihrem Büchlein alsbald einen sinn- und seelverwandten Freund erkannten, ehrten und hegten? daß ich in Ihrem herzlichen Schreiben noch immer eins der liebsten Zeugnisse zu Gunsten meines Wenigen dankbar bewahre?

Es fehlte aber meinem Vorsatz nach der ersten Freude wahrlich nichts, als daß er etwas allzugut gewesen war: ich wollte Ihnen gern recht Viel und Specielles sagen, besonders auch etwas zur Gegengabe senden; doch allerlei widrige Dinge, zumal Krankheit, verhinderten die Ausführung so mancher angelegten kleinen Arbeit, verschoben und vereitelten die ganze treue Absicht, indem die übergroß gewordene Schuld den Schreibemuth zuletzt gar untergrub. Nun hab ich zwar gegenwärtig durchaus nichts in der Hand, was mir den letzteren sehr stärken könnte, indeß ist doch mit dem Erscheinen beifolgenden Schriftchens²) eine erwünschte äußere Veranlassung gegeben, an Ihrer Thüre anzuklopfen. Nehmen Sie diese Kleinigkeit womöglich mit der alten Güte auf.

Das augenblickliche ganz entschiedene Wohlgefallen an den „Sommergeschichten" hat sich bei uns bis auf die jetzige Stunde erhalten. Ich fühlte eine reine, ächt dichterische Luft darin verbreitet. Die Innigkeit und Liebe, womit Sie nicht verschmähen, die einfachsten Verhältnisse und Situationen in feiner edler Zeichnung darzustellen, Ihre Neigung zum

---

[1]) Seit 1844 wohnte Mörike, nachdem er die Pfarrstelle in Cleversulzbach aufgegeben hatte, meistens in Mergentheim, wo er seine treffliche Gattin kennen lernte.

[2]) Das Stuttgarter Hutzelmännlein, auf Weihnachten 1852 erschienen.

Stillleben thut gegenüber dem verwürzten Wesen der Modeliteratur außerordentlich wohl. Der alte Gartensaal, der Marthe Stube und so fort sind mir wie alt vertraute Orte, nach denen man sich manche Stunde sehnen kann. Überall ist Charakter und ungeschminkte Schönheit. Nur hie und da — in der Erzählung „Immensee" — mag man vielleicht etwas mehr individuelle Bestimmtheit wünschen. Höchst angenehm frappirt hat mich die große Aehnlichkeit Ihres Nordens mit unserer süddeutschen Gefühls= und Anschauungsweise¹).

Von den Gedichten möchte ich vornehmlich auszeichnen S. 31, 36, 41, 100, 102, 109 (die vorletzte Zeile will mir etwas zu kostbar lauten), 119, 124, 126. Das „von den Katzen"²) wußte ich bald auswendig und habe Manchen schon damit ergötzt. Von wem ist das? frug ich unlängst einen Freund. Nu, sagte er lächelnd, als wenn es sich von selbst verstünde — von dir!

Die Zuversichtlichkeit des schmeichelhaften Urtheils hat mich natürlich nicht wenig gaudirt.

Jetzt, lieber theurer Mann, leben Sie wohl auf eine Weile, — auf eine kürzere, verspreche ich, wenn Sie erlauben! Wir alle, nämlich Gretchen, seit anderthalb Jahren glücklicherweise meine liebe Frau, und Clara, meine Schwester, grüßen herzlich Sie und jene Constanze, von der wir uns ein ungefähres Bild aus allen Lieblichkeiten Ihres Büchleins machten.

Unserer Vorstellung von Ihnen würde eine Andeutung Ihrer äußerlichen Existenz sehr angenehm zu Hilfe kommen. Das Eine will Sie zum Arzt, das Andere zum Prediger machen. Mit inniger Zuneigung

Stuttgart, 26. Mai 1853.   Ihr Dr. Ed. Mörike.

---

¹) Vgl. Th. Storm. „Meine Erinnerungen an Eduard Mörike. Ges. Schriften 14, 153.
²) Storms Gedichte. Ges. Schriften 1, 69.

3. Storm an Mörike.

Husum, den 12. Juli 1853.

Freilich hat Frau Constanze, bis Ihre Antwort eintraf, zu einem ersten Buben noch zwei andere in die Wirtschaft gebracht; wie wenig Ihnen indessen das lange Schweigen angerechnet worden, könnten Sie, wenn Sie zu uns einträten, schon daraus erkennen, daß seit dem 5. Mai 1851 Ihr Steindruckporträt, von Weiß — Sie sagen uns gelegentlich, ob es ähnlich ist — auf Constanzes Schreibtisch seinen ungestörten Platz behauptet hat.

Nun aber muß ich Sie und die Ihrigen, ehe ich weiter schreibe, über meine eigne Person erst etwas ins Klare setzen; denn Sie gehen leider nach zweien Seiten fehl, wenn Sie mich den friedlichen Beschäftigungen eines Arztes oder Predigers zutheilen. Ich bin, oder war vielmehr bisher Advokat. — Aber was hindert mich, Ihnen sofort eine kleine vita zu geben, um mich in Ihrem lieben Kreise so heimisch wie möglich zu machen? — Also ab ovo!

Am 14. September 1817 bin ich als der älteste mehrerer Geschwister hier in Husum geboren, wo mein Vater als ein besonders geachteter Rechtsanwalt unseres Landes noch gegenwärtig, sammt meiner Mutter, in voller Thätigkeit lebt. Nachdem ich die hiesige Gelehrtenschule, das Lübecker Gymnasium und als Student die Kieler und Berliner Universität besucht hatte, domicilirte ich mich im Frühjahr 1843 in meiner Vaterstadt als Advokat. Am 15. Sept. 1846 ward ich zur guten Stunde copulirt mit meiner Mutterschwestertochter Constanze, einer Tochter des Bürgermeisters Esmarch in Segeberg, Enkelin des verstorbenen Zollverwalters Esmarch in Rendsburg, der in seiner Jugend zu den stummen Personen des Hainbunds gehörte, und in

Fr. Voigts Roman „Hölty" zur Ergötzlichkeit seiner Kindes-
kinder die Rolle des unglücklichen Liebhabers übernehmen
muß. Bei dem Bruche zwischen Dänemark und den Herzog-
thümern habe ich natürlich zu meiner Heimath gehalten,
namentlich aber nach Beendigung des Krieges es für meine
besondere Pflicht geachtet, meine Mitbürger, so weit ich
dazu Gelegenheit hatte, gegen die Willkür der neu ein-
gesetzten Königl. Dänischen Behörden mit voller Rücksichts-
losigkeit zu vertreten. — So hat es denn kommen müssen,
daß mir, trotz meines im Ganzen sehr von allem Oeffent-
lichen zurückgezogenen Lebens, wie fast allen jüngeren und
tüchtigeren Collegen die Bestallung cassirt worden ist, da
es der jetzigen Regierung besonders daran gelegen ist, alle
Elemente, namentlich der unabhängigen deutschen Bildung
möglichst zu vernichten. In dieser Veranlassung, und weil
ich mich nicht, wie es leider jetzt von Vielen geschieht, zu
Schritten herlassen kann, die meiner Ueberzeugung und den
Pflichten gegen meine deutsche Heimath widersprechen, bin
ich jetzt eben im Begriff nach Preußen überzusiedeln, das
mir nach etwa halbjähriger Probezeit, die indeß wohl etwas
länger ausfallen wird, eine Anstellung als Justizbeamter
und dadurch ein, wenn auch knappes Auskommen in Aussicht gestellt hat. Constanze mit den drei Knaben, deren
jüngster erst zu Anfang des vorigen Monats geboren ist,
wird vorläufig hier bei meinen, oder in Segeberg bei ihren
Eltern zurückbleiben. — Die nächste Zukunft sieht daher
etwas grau aus, zumal ich mit dem Gefühl von hier gehe,
den Fremden oder Schlechten meinen Platz zu räumen;
doch ist, da es nun einmal nicht anders sein kann, die
Heiterkeit unseres Hauses bisher noch keinen Tag lang dadurch gestört worden.

Ihr herzliches Schreiben, lieber verehrter Mann, hat uns denn nun noch zusammen angetroffen, und ich möchte wohl, daß Sie es so recht wüßten, welche große Freude Sie uns, und namentlich auch meiner Frau, die eben aus ihren Wochen erstanden war, dadurch bereitet haben. — Ihr „Hutzelmännlein" aber ist an einem Nachmittag und einem Abend vor einem kleinen ausgesuchten Kreise verlesen worden; die Liebeserklärung im Rauchfang hat bei mir den Preis gewonnen; der wackere Stiefelknecht, die Scene auf dem Seil, erregten die unverhaltenste Lustigkeit, letztere insbesondere das Entzücken der Frauen; Seite 79 hieß es plötzlich: „Ob M. wohl Schmierstiefel trägt!" — „Das wäre schrecklich!" — Es ist eben auch in diesem Büchlein neben der Tiefe des Gedankens die nur Ihnen solcherweise eigene Tiefe des Ausdrucks wieder da. Was ich aussetzen möchte, ist dieß: Es ist doch Ihre Absicht gewesen, das über den Hutzelmann — denn ich nehme an, daß es eine Figur des Volksglaubens ist — in der Ueberlieferung Vorhandene zu einer Erzählung zu vereinigen? Nun scheint mir, wie es uns in Arnims Dichtungen wohl begegnet, durch das Bestreben, das an Sage und Sitte Ueberlieferte zu conserviren, die Einheit der Fabel, und hie und da im Einzelnen z. B. S. 90 ff. in der Erzählung Seppes, die freie poetische Darstellung in etwas behemmt zu sein. Uebrigens mag immerhin beim Märchen die Freude am Einzelnen, auch will ich nicht vergessen, daß „die Märchen sind halt Nürnbergerwaar"[1]), die Hauptsache sein, die uns denn auch durch Ihr ganzes Büchlein so begleitet hat, daß wir den „Schatz" sogleich noch einmal hinterher gelesen haben.

Meine kleinen Situationsstücke anlangend, so sind sie

---
[1]) An einen kritischen Freund. Mörikes Gedichte S. 156.

einmal, ich glaube in Kühnes „Europa" „Aquarelle" genannt, und ich habe diese Bezeichnung, welche Ihre gewiß richtige Bemerkung über „Immensee" ohne Weiteres in sich faßt, als besonders zutreffend empfunden. — Die vorletzte Zeile von S. 109 mag allerdings etwas zu kostbar lauten. Die beiden Gedichte wurden unmittelbar nach dem Tode meiner ältesten Schwester geschrieben, die nach manchem Kummer ihres Mädchenstandes, im ersten Wochenbette sammt ihrem Töchterlein starb. Ich erinnere mich jetzt wohl, daß ich jene Zeile derzeit nur als eine vorläufige hinschrieb; sie ist indessen stehen geblieben. Gelegentlich will ich versuchen sie zu ändern, oder wissen Sie, verehrter Mann, mir einen Rath? Wenn Ihnen „die Katzen" zugeschrieben werden und Sie dieß nicht ganz ohne Behagen erfahren, so wollen Sie nicht vergessen, daß Eduard Mörike ganz besonders zu den Dichtern gehört, die auf die Ausbildung meines kleinen Talentes von Einfluß gewesen sind.

Und so, lieber Meister, lege ich denn jetzt die kleine Sammlung meiner Gedichte, die seitdem erschienen ist, vertrauensvoll in Ihre Hände, nicht ganz ohne die Ueberzeugung, daß unter dem neu Hinzugekommenen Eins oder das Andere sei, was die mir von Ihnen und den Ihrigen gewordene Theilnahme zu befestigen vermöchte. Hätte ich das Ihnen bestimmte Exemplar in der Hand, so würde ich S. 46 bei Nr. 1 den Namen „Homs", bei Nr. 2 den Namen „Ernst" setzen, und überdies das „lachen" in der letzten Zeile in „wachen" corrigiren. Im Uebrigen möchte ich nur noch bemerken, daß ich vielleicht, oder vielmehr jedenfalls bei der Auswahl der älteren Gedichte (2. Buch) aus Pietät gegen meine eigne Jugend mich zu einer zu großen Nachsicht habe verleiten lassen; sowie daß im 1. Buch S. 86 vom Verleger gegen meine ausdrückliche Ordre auf=

genommen ist. S. 155 wurde zur stillen Abwehr gegen die Brutalität und Gemeinheit, wie sie nach Verhältnissen, welche wir hier gehabt, wohl überall zu Tage kommen, und aus vollstem Herzen geschrieben; die Ueberschrift ist wohl verkehrt, weil sie leicht irre leitet; ich habe nur das Zeichen des Todes¹) gemeint, nicht das constantinische christliche †. An den Umschlagsbildern (von Bürkner in Dresden), sowie dem Formate, woran ich wahrlich unschuldig bin, wollen Sie keinen Anstoß nehmen. Ich hoffe, wenn es überall vergönnt sein sollte, zum zweiten Male in etwas männlicherer Tracht zu erscheinen.

Diesen gedruckten Sachen kann ich nicht unterlassen einige ungedruckte Verse beizulegen, die als ein unmittelbarer Ausdruck des verletzten Heimathgefühls im Herbste 1850 entstanden, als hier auf dem Kirchhofe die Kränze und Fahnen von den Gräbern unsrer Schleswig-Holsteiner Soldaten entfernt wurden²).

Und nun — dürfen auch wir, so weit Sie es uns vergönnen mögen, etwas Näheres von Ihnen erfahren? Wir wissen außer dem, was Ihre Schriften uns erzählen nur, daß Sie am 8. Septbr. 1804 zu Ludwigsburg geboren und 1834 Pfarrer zu Kleversulzbach geworden sind, dieses Amt aber späterhin niedergelegt haben, was mir, da ich es erfuhr, als etwas erschien, das eben nicht anders hätte sein können. Wollen Sie uns, denen Sie so lange lieb und werth sind, diese kärglichen Nachrichten etwas vervollständigen? Sollten Sie aber für die Erfüllung dieser Bitte keine Muße oder Stimmung haben, so möge Sie das vom Schreiben — vom baldigen, wie Sie versprochen, — nicht

---
¹) Storms Gedichte S. 108.
²) Beigelegt ist Storms „September 1850": „Und schauen auch von Thurm und Thore ꝛc." Gedichte S. 99.

abhalten; und sollte eine neue Auflage Ihrer Gedichte nicht in allernächster Zeit bevorstehen, so machen Sie uns die Freude, einige frische Verse beizulegen! Als Quittung sollen Sie den Aushängebogen einer ganz hagelneuen Sommergeschichte "Ein grünes Blatt", erhalten, die in einem neuen Berliner Jahrbuche ("Argo") abgedruckt wird.

Leben Sie wohl nun für dießmal! Constanze und ich grüßen Sie herzlich, Sie und Ihre Frau, deren Spur wir noch nicht in Ihren Gedichten haben finden können; das mir besonders liebe Gedicht "Lebe wohl, du fühlest nicht" [1]), möchte denn die erste sein, und Ihre Schwester Clara, die wir seit lange schon daraus als Ihre treue Begleiterin durch Wald und Wiese kennen!

Wie immer

Theodor Storm.

NB. Briefe an mich bitte vorläufig unter meinem Namen: Abr. Hr. Adv. J. C. Storm (mein Vater) R. a. D. in Husum, aber womöglich nicht auf Buchhändlerwege; ich habe den ersten nur aus besonderer Rücksicht von Leipzig aus per Post erhalten; ein andermal könnten sie ganz liegen bleiben.

Eben, da ich diesen Brief schließen will, finde ich in einer alten "Urania" von 1834 eine Skizze von Ihnen "Miß Jenny Harrover", die ich noch nicht kenne. Da mir alles von Ihnen lieb ist, so bitte ich Sie, mir in Ihrem nächsten mitzutheilen, ob Sie außer dieser Skizze, dem "Nolten", der "Iris", "Idylle vom Bodensee", und den Gedichten, früher noch sonst etwas haben drucken lassen? Eine böse Täuschung erfuhr ich neulich durch des "Vaters Geburtstag" von C. M., den ich mir nach einem Auktionskatalog hatte kommen lassen, worin der Vorname fehlte.

---

[1]) Mörikes Gedichte S. 52.

4. Storm an Mörike.

Potsdam, Brandenburgerstr. Nr. 70,
den 1. März 1854.

Ich komme dießmal betteln, verehrter Mann. Es gilt mit Hilfe von Dichtern und Malern für meine Frau, die mit den Kindern bei mir ist, zum Geburtstage den 5. Mai, ein Album zu Stande zu bringen. Dürfte ich darauf rechnen, zu diesem Zweck von Ihnen Ihr unergründlich schönes „Früh wenn die Hähne krähn", von Ihnen geschrieben und unterschrieben zu erhalten?[1]).

Mit Ihrem „Hutzelmännlein" hat sich mir eine alte Lebenserfahrung aufs Neue wenigstens theilweise bestätigt, daß nemlich oft das innere Erlebniß viel später eintrifft als das äußere. Erst lange, nachdem wir es gelesen und nachdem ich meinen etwas übereilten Brief an Sie abgesandt, ist mir die Fülle von Anmuth so recht lebendig geworden, welche Sie, namentlich auch im ersten Theile, überall in dieß Büchlein „hineingeheimnißt" haben. So lese ich es denn jetzt zum zweiten Mal, um mich ganz darin heimisch zu machen.

Bei dieser Gelegenheit möchte ich ein Versäumtes nachholen. Sollten Sie die plattdeutschen Gedichte meines Landsmannes, des Dithmarschers Klaus Groth „Quickborn", Hamburg Perthes zufällig noch nicht kennen, so bitte ich Sie bringend, sich durch den fremden Dialekt, wenn man die niederdeutsche Sprache so nennen darf, nicht davon abhalten zu lassen. Jede Mühe wird gewiß belohnt. Wenn die Sachen nicht immer so rund sind, wie die Hebelschen, mit denen man sie unwillkürlich in Vergleichung bringt, so sind sie dafür desto tiefer und ohne alle lehrhafte

---

[1]) Storm, meine Erinnerungen. Ges. Schriften 14, 154.

Tendenz. Was gäb' ich drum, wäre es mir vergönnt, sie Ihnen vorlesen zu können! Denn, wie wenig Andres, bedürfen diese Gedichte des lauten Wortes, um zur rechten Geltung zu kommen.

Die anliegende „Argo" bitten wir, Constanze und ich, Frau Gretchen wolle ihr freundlich einen Platz in ihrer Bibliothek vergönnen. Meine Sachen darin bedürfen freilich sehr der Nachsicht; dagegen werden Sie sich gewiß an Paul Heyses „Rabbiata" und der Fontaneschen Bearbeitung der Percyballaden erfreuen. Von Ersterem, dem Verfasser des Aufsatzes „Ed. Mörike" in Nr. 1 des Litteraturblatts des deutschen Kunstblatts, habe ich Ihnen die wärmsten Grüße zu bestellen.

Mit mir persönlich geht es nicht zum Besten. Seit Anfang Dezbr. v. J. als Assessor beim hiesigen Kreisgericht eingetreten, habe ich schon bald nach Neujahr wegen hartnäckiger Kränklichkeit Urlaub auf unbestimmte Zeit nehmen müssen. So steht denn mein heimathliches Meer und der Sonntagnachmittagssonnenschein meines elterlichen Hauses um so schmerzlicher in meiner Erinnerung.

Und nun! darf ich bis zum 5. Mai auf eine Antwort hoffen. Ich bitte Sie herzlich darum; und wollen Sie mir speciell eine Freude machen, so legen Sie außer dem vorhin Erbetenen noch ein oder anderes Ungedruckte bei, da die dritte Auflage noch immer nicht erschienen ist.

In alter Liebe und Verehrung Ihr
Theodor Storm.

5. Mörike an Storm.

[April 1854.]

Verehrter theurer Freund! Ein alter und ein neuer Dank käme wieder einmal zu meiner Beschämung bei mir zusammen! Es sind wohl bald 8 Monate, seit mich Ihr Büchlein mit der süßen Schläferin auf seinem Deckel[1]) so lieblich begrüßte. Ein ausführlicher Brief war beigelegt der, in Verbindung mit dem Übrigen und längst Bekannten, mir die Person des Dichters auf einen solchen Grad verdeutlichte, daß mir, wenn der vollkommene Besitz von Angesicht zu Angesicht für jetzt einmal nicht möglich ist, nur etwa noch ein Schattenriß seines Profils zu wünschen übrig bleibt. Ich möchte gern, daß Sie wüßten, wie sehr wir Sie mit allen Ihren Angehörigen für alle Zeit kennen und lieben. Als ich in Ihrem jüngsten Schreiben an die Stelle kam, wo Sie von hartnäckiger Kränklichkeit reden, durchzuckte mich ein Schmerz und weinerliches Zorngefühl, wie uns ergreift, wenn wir das Edelste durch eine rohe Hand bedroht oder beschädigt sehen. Dieß darf Sie nicht erschrecken, Bester! Ich bin Hypochonder von Hause aus und kann im nächsten Augenblick gleich wieder über meine extremen Sorgen lachen, sie mögen nun mich oder Andere betreffen.

Mit Ihrem Husum aber ist auch uns etwas genommen. Mir insbesondere waren diese Gegenden durch Sie und die „Sommergeschichten" zu einer wahrhaften Erfahrung geworden; seitdem Sie weg sind, ist's, als wäre die gewohnte

---

[1]) „Eine Bürkner'sche Zeichnung zu „In Bulemanns Haus" auf dem Umschlag der ersten Ausgabe meiner Gedichte, Kiel 1852, die ich M. geschickt hatte." (Anmerk. Storm's.)

Scenerie auch in meinem Gesichtskreis ferner gerückt. Gern denke ich dabei, daß doch die Eltern noch die alte Heimath hüten.

Das „grüne Blatt" fiel mir grad zur rechten Zeit in den Schoos. Es ist nebst Ihren andern Beiträgen das Einzigste, was wir bis jetzt in der „Argo"[1]) gelesen. Denn stellen Sie Sich vor, nur erst seit gestern haben wir dieselbe in den Händen! — Jener Sommertag, brütend auf der einsamen Haide und über dem Wald, ist bis zur sinnlichen Mit-Empfindung des Lesers wiedergegeben; das vis-à-vis mit der Schlange, der Alte bei den Bienen, seine Stube — unvergleichlich! Dagegen hat die Schilderung des Mädchens, so wie der Schluß des Ganzen, mir einige Zweifel erregt; in der Art aber, daß es sich nur um ein Paar Striche zu viel und Etliches zu wenig handeln würde. Darf ich es in der Kürze sagen, so ist einerseits der Schein des Manierierten nicht völlig vermieden (die Linie ist hier haarscharf allerdings) und andrerseits sollte die allzu skizzenhaft behandelte Regine ein größer Stück sprechen, am besten vielleicht, indem sie ein kleines Abenteuer oder Märchen erzählte.[2]) Dadurch träte ihr reizendes Bild von selbst mehr heraus und Alles bekäme zugleich mehr Fülle. Es könnte hierzu der Moment in der Stube benutzt werden.

Wenn ich nicht anders Unrecht habe, so gehen Sie vielleicht nach Jahr und Tag nochmals an dies Gemälde, dem wenig abgeht, um vollkommen zu sein, was es soll.

(Nach mehrtägiger Unterbrechung fortgefahren.)

---

[1]) Argo. Belletristisches Jahrbuch für 1854. Herausgegeben von Theodor Fontane und Franz Kugler. Dessau, 1854.
[2]) „M.'s Rath ist für die Buchausgabe im Wesentlichen befolgt worden." (Anmerk. Storm's.)

Das mir schon früher mitgetheilte Stück vom Herbst 1850 und der „Abschied" hat mich tief bewegt und „Gute Nacht" hört sich im Lesen sogleich wie gesungen. Es ist außerordentlich schön; ich werde es Hetsch (Musikdirektor in Mannheim) und Kaufmann[1]) (hier) mittheilen, ob nicht der eine oder andere zur Composition gedrungen wird. Kein Dritter könnte es besser machen (wie Sie Sich überzeugen würden, wenn Sie Gretchens Lied „Meine Ruh ist hin" von Hetsch[2]) — es erschien einzeln, ich glaube in Bonn — oder die Lieder schwäb. Dichter zu hören bekämen, die unter Beider Namen in Stuttgart erschienen und Mehreres auch von mir enthalten. Doch eben fällt mir ein, Sie haben ja beim „Maler Nolten"[3]) eine Probe!)

Auch Ihre vier andern kleinen Stücke in der „Argo" haben sehr unsern Beifall. Zu den grammatischen Anomalien, die man nicht anders wünscht, gehört die Zeile „Mir ist wie Blume" ꝛc.[4]) — bezeichnend für das Unbestimmte, Fremde des Gefühls. Aus Ihrer Sammlung gab ich hie und da den Leuten etwas zu verkosten und habe unter vielen Anderen mit den Strophen, wo die Sonne jenes Tages auf's letzte Kissen der Geliebten fällt[5]), das höchste Lob immer von Neuem erworben. Das Büchlein ist mir leider nicht zur Hand, sonst citirte ich mehr.

Den „Quickborn" wollen wir uns bestens empfohlen sein lassen. Theob. Fontane kenn ich längst aus seinen trefflichen Preußischen Liedern; ein hiesiger Freund, Rector

---

[1]) Friedrich Kauffmann, gest. 1856, Komponist und Mathematiker.
[2]) Louis Hetsch, gest. 1872.
[3]) Die Musikbeilage zu „Nolten" 1. Ausg.
[4]) Storm's Gedichte S. 84, „April".
[5]) Storm's Gedichte S. 33.

Wolff, den Gustav Schwab damit bekannt gemacht, recitirte sie mir aus dem Gedächtniß.

Den Verfasser des geistvollen Artikels im „Berliner Kunstbl." zu erfahren, war mir sehr interessant, und daß Paul Heyse es ist, von dem ein so günstiges Urtheil über mich ausgeht, hat mich auf's angenehmste überrascht. Den feinen Praktiker (in Poesie) verrieth die Arbeit freilich auf der Stelle. In Ansehung des „Maler Nolten" hat er mich offenbar geschont. Verschiedene Parthien im ersten Theil desselben sind mir selbst widerwärtig und fordern eine Um= arbeitung. Was denken Sie deßhalb für den Fall einer 2ten Auflage? Ich möchte Sie nicht gern zum zweitenmale als Corrector unzufrieden machen.[1])

Wenn Sie Gelegenheit haben, bezeugen Sie Herrn Heyse doch meinen wärmsten Dank und große Hochachtung. Auf „l'Arrabiata" freuen wir uns und haben die größte Erwartung davon. Frau Agnes Strauß, geb. Schebest, die Sängerin, getrennte Frau des Theologen, entzückte, hör ich, dieser Tage eine hiesige Gesellschaft durch Vorlesung derselben.

Aufrichtig bin ich Ihnen noch für Ihre in Lob und Tadel gleich getreulichen Bemerkungen über das Märchen verbunden. Wenn wir auf meinem Sopha nur einander gegenüber säßen, so sprächen wir wohl auch darüber con amore mehr. Jetzt aber nur so viel: Sie setzen voraus, es habe hier die schwierige Aufgabe gegolten, vorhandene Sagen künstlich zu verweben. Dem ist jedoch nicht so. Mit Ausnahme dessen, was in den Noten ausdrücklich an= geführt wird, ist Alles frei erfunden, zum wenigsten hielt ich's bis jetzt dafür. Das Volk weiß insbesondere nichts

---

[1]) Storm, Meine Erinnerungen. Ges. Schr. 14, 158.

von einer Wasserfrau, denn die in den Teich geworfenen Sühnopfer waren vielmehr ordentlich Gott dargebracht. Das Kinderverschen vom „Klötzlein" coursirt ganz für sich, ohne irgend einen Sinn oder sagenhafte Beziehung, in der Leute Mund. Übrigens hören Sie folgenden närrischen casum. Mir sagte Uhland neulich: in einer alten geschriebenen Chronik habe er etwas gefunden, was ihn nothwendig auf die Vermuthung habe führen müssen, ich hätte in Beziehung auf das unsichtbarmachende Mittel eine verschollene Blaubeurer Sage gekannt und für meinen Zweck mobificirt. Zwei Grafen von Helfenstein, Brüder, standen einstmals (so sagt der Chronist) am Rande der Quelle; der Eine sah einen seltsamen Stein vor sich liegen, hob ihn vom Boden auf und verschwand vor den Augen des Andern urplötzlich. Sie reden aber miteinander und der zweite Bruder nimmt den Stein sofort auch in die Hand; dieselbe Wirkung; sie kommen beide überein, das Zauberding in den Blautopf zu werfen.

Ich war nicht wenig über dieß Zusammentreffen meines Scherzes mit dieser Erzählung erstaunt, da auch in den hintersten Kammern meines Gehirns nicht die leiseste Spur empfangener Überlieferung zu finden ist. Vernünftigerweise kann ich es mir freilich zuletzt nicht anders als auf solchem Weg erklären, oder wie?

Natürlich liegt in Absicht auf ein Product dieser Art nichts dran, wie viel oder wenig an dem Stoffe vorlag und ich habe es bis jetzt deßhalb auch nicht der Mühe [so!] gehalten, gewisse irrige Annahmen meiner Kritiker bei meinen andern Sachen in dieser Hinsicht zu berichtigen. So setzen sie alle, auch Heyse, wie es scheint, voraus, die Bodensee-Idylle beruhe auf Geschichtchen; da doch die gedoppelte Fabel, sowohl von der Kapelle und der Glocke, als von

Gertrud und ihrer Bestrafung ganz auf meine Rechnung kommt.

Nun aber unsern innigsten Glückwunsch zum 5ten Mai! Meine liebe Frau, durch Ihr Geschenk in mehr als Einem Betracht ausnehmend beglückt und geehrt, macht sich die Freude einer unscheinbaren Gegengabe mit Gesammelten Schriften meines Freundes Louis Bauer. Sie werden den herrlichen Menschen darin bald erkennen. Was die vorangedruckten Briefe betrifft, (an deren Auswahl ich natürlich keinen Antheil habe) — wenn Sie im Stande wären, Alles gehörig abzurechnen, was jugendliche Freundschaft nach der ihr eigenen Übertreibung Gutes an ihrem Gegenstande findet, so könnte es mir schon lieb sein, daß Ihnen ein Stück Leben von mir und meinem Kreis damit vorgelegt wird, da ich so schwer dazu komme, Ihren liebreichen Wunsch in dieser Hinsicht selber zu befriedigen. Ich glaube, die Versuchung, mehr zu sagen, als wir Beide wollen, ist es vornehmlich, was ich dabei fürchte.

Zum Überfluß fügt Gretchen unsere Silhouetten bei; die ihrige und Clärchens ist sehr gut, die meine auch nicht übel. Die Weißische Lithographie wird nicht besonders gelobt, doch ist sie kenntlich.

Carl Mayer, der Dichter, war gestern bei mir. „Und schauen auch von Thurm und Thore" las ich ihm alsbald vor und theilte ihm auch sonst von Ihnen und Ihren Verhältnissen mit, was ihn erfreute und rührte. Sie waren ihm als Lyriker nicht fremd; er gab mir viele Grüße an Sie auf und schrieb auf mein Begehren ein Blatt für Frau Constanzens Album. Weil dieses aber nicht in meinem Beisein geschah und er sich hinterdrein erinnerte, daß ich ihm eines seiner kleinen Naturbilder zu diesem Behufe vorschlug, das mir besonders lieb und oft im Munde ist, so fügte er auch letzteres hinzu, damit ich wähle; billig bleibt das nun Ihnen überlassen.

Mayer war im Begriff nach Weinsberg zu gehen, dem guten Kerner zum Trost, der eben seine Frau verloren hat. Womöglich bringt er mir von diesem auch ein Erinnerungs= blatt für Sie zurück. Vielleicht kommt es noch recht für mein Packet; wo nicht, so könnte es gelegentlich nachfolgen, mit einem weiteren von Uhland, an welchen ich, trotz seiner starken Abneigung gegen dergleichen, das Ansinnen stellte. Er schlug es nicht ab, war aber im Augenblick nicht in der Lage. Er schickt es hoffentlich mit einer andern Sen= dung, die mir im Lauf der nächsten Woche von ihm zu= kommen wird.

Sie haben nur leider vergessen mir das Format Ihrer Geburtstagswidmung[1]) zu bestimmen, nun können diese Blätter ganz ungeschickt ausfallen.

Freitag den 21. April.

Von meiner Seite gehen noch zwei neuere Gedichte mit, die schwerlich schon den Weg zu Ihnen fanden. Das von dem Thurmhahn hätt ich herzlich gern für Ihre liebe Frau festmäßig abgeschrieben, anstatt es mit soviel unlieb= samem Ballast auf einem Zeitungsblatt vom vorigen Jahr zu präsentieren, allein die Zeit erlaubte es nicht mehr; Thatsache ist an dem Spaß, daß ich als damaliger Pfarrer in Cleversulzbach aus Anlaß einer KirchenReparatur dieß alte Inventarstück zu mir nahm, auch es noch jetzt besitze. Der

---

[1]) „Ein Album für meine Frau, das zur Aufnahme von Er= innerungen an die damals verlorene Heimath und einiger Lieblings= gedichte lebender Dichter, die ich diese selbst zu schreiben bat, (von M. „Früh, wenn die Hähne krähn", von Eichendorff „Möcht' wissen, was sie schlagen", von Kugler „An der Saale hellem Strande" ꝛc.) bestimmt war." (Anm. Storm's.)

Pfarrer wurde aber durch Verlegung in eine frühere Zeit ehrwürdiger gemacht und ihm Weib und Kinder geschenkt. Das Ganze entstand unter Sehnsucht nach dem ländlich pfarrkirchlichen Leben.

Ihrer freundlichen Spürlust zu Liebe in meinen Gedichten sollen Sie wissen, daß allerdings einige Stücke darin sich auf Gretchen beziehen, nemlich: „Ach muß der Gram", „O Vogel, ist es aus mit dir", „An Elise" (pseudonymisch für Clärchen), „Aus der Ferne: Wehet, wehet liebe Morgenwinde." Sämmtlich aus der Zeit unserer ersten Bekanntschaft in Mergentheim, wo wir, ich und meine Schwester, in ihrem elterlichen Hause eingemiethet wohnten. Ihr Vater war der Oberstlieutenant v. Speth, der unsere Verbindung nicht mehr erlebte. Meine Schwiegermutter ist noch dort.

Jetzt, theurer Freund, leben Sie wohl und schreiben Sie bald, daß Sie wirklich wohl leben. Wir Alle grüßen und danken tausendmal.

Ihr

Mörike.

„L'Arrabiata" ist gelesen! In Wahrheit eine ganz einzige Perle!

Unsere künftige Wohnung (von Georgii an) ist Alleen-Straße Nr. 9.[1])

---

[1]) Storm fügt bei: „Der Brief ist, wie ich aus einer Zuschrift von Gretchen Mörike in den beigefügten „Ludwig Bauer's Schriften. Stuttgart 1847" sehe, von April 1854, wo ich Assessor vom Kreisgericht in Potsdam war. Beigefügt waren außer diesen die 3 gen. Silhouetten und die handschriftlichen Gedichte von M., Mayer und auch von Kerner, der das seinige datirt hatte: „Weinsberg, im unglücklichen April 1854", dem Todesmonate seiner Frau. „Der Thurmhahn" war in einer Nummer einer schwäbischen Kirchenzeitung." Vgl. auch Storm, meine Erinnerungen S. 155.

6. Storm an Mörike.

Potsdam, Waisenstraße Nr. 68, 1854.

Endlich gelangen denn auch wir zu Ihnen; mögen unsre Gesichter Ihnen nicht allzu fremd erscheinen! — So oft schon bin ich daran gewesen, Ihre reiche liebevolle Sendung zu beantworten; aber immer, wenn ich die nothwendige Tagesarbeit hinter mir hatte, war ich so abgenutzt, daß ein Schreiben, wie ich es Ihnen zugedacht, nicht möglich war. So ist es denn auch heute noch; nehmen Sie also fürlieb und lassen Sie Brief und Bilder noch zum 8. September gelten!

Welche Freude Sie und die lieben Ihrigen uns, meiner Frau und mir, zum 5. Mai gemacht haben, kann ich nicht genug sagen. Ihren Brief mußte ich zwar gleich dem größten Theile nach zum Besten geben; alles Übrige aber wurde bis zum Geburtstag glücklich verborgen gehalten. Ich hatte für das Album einen ziemlichen Stamm von Poeten und Malern zusammengebracht; und ich glaube kaum, daß meine Frau je ein angenehmeres Geburtstagsgeschenk erhalten.

Am Abend wurden mit Hülfe eines befreundeten Malers auch Ihre Schattenrisse auf kleinen gelben Schilberchen hineingeklebt; dann saßen wir davor, zu räthseln. Von Ihrer Schwester Clärchen wurde behauptet, sie trage jedenfalls ein Schlüsselbund, und ich wünschte mir lebhaft auf dem Sopha zu sitzen, während sie den Kaffee schenke — könnte es mir doch eines Tags einmal so gut werden! Von dem feinen Gesichtchen Ihrer Frau erfahre ich aus dem Schattenrisse nicht so viel; vielleicht ist es Ihnen gar

zu sehr zugekehrt. Der Ihrige scheint mir mit dem Stein=
bruck wohl zu stimmen. Den Namen auf der Kehrseite
hätte es für mich nicht bedurft.

Von den Gedichten ist „Der Thurmhahn" über alle
Maaßen schön; ich hab es immer auf's Neue vorgelesen,
und alle Poeten und Juristen — ich empfinde hier den
Gegensatz — haben es mit gleicher Theilnahme gehört.
Diese warme unmittelbare Leibhaftigkeit ist für mich
wenigstens das A und das O der Poesie, so wenig die
Führer unsrer Tageskritik ein Bedürfniß danach zu haben
scheinen. Was gäb ich drum, wollte es mir gelingen, die
Erinnerung an meine verlorne, nie zu verschmerzende Hei=
math in einen so glücklichen Rahmen zu fassen. Das andre
„häusliche Scene"[1]) hat mir nicht so zugesagt; vielleicht
weil ich einmal geschrieben: „Eduard Mörike hat zuerst die
Idylle ins Poetische hinaufgehoben"; vielleicht habe ich die
rechte Stimmung noch nicht hinzugebracht. Aus dem Buche
Ihres verstorbenen Freundes Bauer haben wir bis jetzt
erst die Briefe und „den heimlichen Maluff" gelesen; bei
der Liebe und Hingebung, die wir, wie Sie wissen, für
Ihre Sachen hegen, und für Sie selber, hätte uns nicht
leicht eine angenehmere Gabe kommen können, zumal da
wir von der Existenz dieses Buches sonst schwerlich etwas
würden erfahren haben. Was Ihr Freund in seinen
Briefen über den „Nolten" sagt, ist mir aus der Seele
geschrieben. Ich habe das Buch diesen Sommer wieder
gelesen, aber wenn Sie mich fragen, was daran zu ändern
sei, so muß ich mich in diesem Fall für gänzlich urtheilslos
erklären. So wie es da ist, ist es seit Jahren für mich

---

[1]) Mörike's Gedichte S. 310.

eine liebe Thatsache; nur mein' ich auch dießmal allerdings den Eindruck des ersten Lesens bestätigt gefunden zu haben, daß die Partieen mit der Constanze, wenigstens theilweise, im Verhältniß zum Übrigen weniger unmittelbar, ich möchte sagen, etwas rhetorisch zu sein scheinen. Doch auch das wage ich kaum auszusprechen, denn ich habe, wie gesagt, ein zu vertrautes Verhältniß zu dem Buche. Andern aber würde ich als Verf. nichts daran; es gehört, wie es vorliegt, schon unsrer Literaturgeschichte an, und überdieß hängen wenigstens die von Heyse besprochenen Schwächen so eng mit der Tiefe und eigenthümlichen Schönheit des Werkes zusammen, daß mir in der That mitunter ist, als hätten Sie es eben um dieser willen geschrieben.

Mein „grünes Blatt" beurtheilen Sie im Ganzen nach= sichtig genug; es ist (vor Weihnachten 1850) mit Einem Wort nicht recht aus dem Vollen geschrieben; und dadurch, daß mir die Regine unter der Hand so etwas allegorisch, zu einem Art Genius der Heimath geworden, hat die ganze Conception etwas Zwitterhaftes bekommen, dem schwerlich abzuhelfen. Für das Einzelne hoffe ich eines Tags Ihren Rath befolgen zu können; nur was das Ende anbelangt, so ist es gerade der Theil, der mich selbst einzig und völlig zufrieden stellt, und der, wo ich es vorgelesen, auch stets die volle Wirkung, die ich damit habe erzielen wollen, her= vorgebracht hat. Und doch haben Fontane und Kugler, die, wie Sie, selbst gelesen, mir denselben Einwand ge= macht. — Nun lege ich Ihnen hier wieder so ein kleines Stück bei, „im Sonnenschein", das ich diesen Sommer aller Unbehaglichkeit und Arbeit uneracht auf meinen Mittagsspaziergängen zusammengelesen habe, und das mit „Marthe und ihre Uhr" und „im Saal" gegenwärtig für eine kleine Separatausgabe gedruckt wird. Was den zweiten

Theil betrifft — — aber, Sie müssen erst lesen, es Ihren Frauen an einem stillen, behaglichen Novemberabend vorlesen. (Da fällt mir eben ein, Sie im Süden Deutschlands kennen ja keine Theestunde. Wüßten Sie nur, was Sie dadurch entbehren! Der brausende Theekessel mit einer tüchtigen Kohlengluth darunter pflanzt wirklich den „häuslichen Herd" in die Stube, und mit den Seinigen und einem Freunde Abends am Theetisch plaudern oder lesen, ist ein Tagesschluß, den ich unter keiner Bedingung entbehren möchte. Daß der ganze Vorgang seine Bedeutung verliert, wenn man, wie hier statt der Kohlen eine Spiritusflamme unter dem Kessel anmacht, versteht sich von selbst. Könnten wir Sie und die Ihrigen doch einmal an unserm Theetisch haben!) Könnte ich doch dabei sein; es ist einer meiner Lebenswünsche, einen Tag, einen Abend wenigstens mit Ihnen zu verleben, und wenn wir beiderseits noch etwas leben, so hoffe ich das zu erreichen. Haben Sie keine Veranlassung, auf hier zu kommen? Quartier für einen so verehrten lieben Gast wäre allezeit bereit. Aber freilich von April ab an werden wir wohl nicht mehr hier sein, da ich dann eine Kreisrichtersstelle, ich weiß nicht, an welcher entlegenen Grenze des Landes, zu erhalten gedenke. — Welcher Art die Verse sind, die ich unter den gegenwärtigen Verhältnissen noch zu machen im Stande bin, wird Ihnen die anliegende Probe zeigen. Vielleicht wenn ich wieder zu einiger Behaglichkeit gelange! Ob ich heimathbedürftiger Mensch das aber je im fremden Lande und unter so mühseligen Amtsverhältnissen, wie sie mir bevorstehen, erreichen werde, ist wohl mehr als zweifelhaft. Mit meiner Gesundheit geht es ziemlich gut; es sind überhaupt nur die Nerven, an denen ich laborire, freilich fortwährend und mitunter so, daß ich gänzlich arbeitsunfähig werde;

es ist ein Erbtheil meiner Mutter; wir sterben aber nicht daran.

Das „gode Nacht", was Ihnen so zugesagt, hat auf Geibel, wie er an Kugler geschrieben, dieselbe Wirkung gehabt; gern hätt ich es von Hetsch componirt, dessen Sachen zum „Nolten", namentlich „Rosenzeit" und das „Elfenlied", ganz vortrefflich sind. Ich bin nemlich ungefähr so viel Tenorsänger, als ich Poet bin — Sie mögen es darnach bemessen — und kann im Übrigen meine Stimme wie meine Poesie leider nur zu einzelnen Zeiten ganz commandiren. Ihr „früh, wenn die Hähne krähn", das nachgrade ganz in den Mund der jungen Mädchen zu kommen scheint, wohin es gehört — denn die nichts von Ihnen kennen, kennen doch meistens dieß Lied — ist neuerdings gut componirt von Ehlert. Leider hat der Componist aber dabei den Text verdorben.

Für die beiden Blätter von C. Mayer, dem ich als einen mir seit längst Bekannten gelegentlich einen Gruß zu bestellen bitte, sollen Sie freundlich bedankt sein. Könnten Sie mir bis zu Weihnachten die quäst. Blätter von Uhland und Kerner senden, so wäre das eine große Freude. Ich begreife Uhlands Abneigung gegen die Damenalbums gewiß, ich theile sie sogar. Könnte er aber nur einen Blick in unser Haus thun, er würde gewiß sogleich die Feder nehmen, und uns eine so natürliche und wohlbegründete Freude nicht entziehen wollen. „Die linden Lüfte sind erwacht", das möchte ich von ihm haben. Eichendorff hat mir sein „Möcht wissen, was sie schlagen" aus den „Glücksrittern", Kugler „An der Saale hellem Strande" eingeschrieben. Das Format dieses Briefbogens wäre das passendste. Vielleicht könnten Sie auch noch ein Blättchen Ihres Freundes Kurz ohne Mühe herbeischaffen, dessen meisterhaften „Blättler"[1]) ich oft, und nie ohne lebhaften Beifall vorgelesen. Das ist auch so eine Perle, die fast keiner kennt. — Die „Argo" hat leider einen zweiten Jahrgang nicht erleben sollen; es sind nur etwa 500 Exemplare abgesetzt, was für die bedeutenden Kosten nicht hat ausreichen wollen; sonst wären wir auch, namentlich um den „Thurmhahn", bei Ihnen betteln gekommen. Es war schon wieder ein hübsches Material zusammen; ich hatte das anliegende „Im Sonnenschein" dafür geschrieben. — Sie haben dasselbe ja erfahren mit Ihrem Jahrbuch schwäbischer Dichter, worin ich außer Ihrem „Schatze" die zweite Novelle von Treuburg[2]) — wo existiert der Verfasser sonst in der Litteratur? — mit besondrem Interesse gelesen habe. Neulich ist mir ein Exemplar Ihrer „Iris" zu Gesicht gekommen, worin ein sehr anmuthiges Bild, ich denke doch, von Ihnen, scheinbar im 16. oder 17. Lebensjahr und übrigens in mäßigem Steindruck vorne darin war, was in meiner Ausgabe fehlt. Das müßte Cotta in sauberem Stich vor eine hoffentlich bald zu erwartende neue Auflage Ihrer Gedichte setzen.[3]) Geben Sie mir doch einige Aufklärung darüber, und, wenn es Ihnen keine Ungelegenheit macht, so bitte ich sogar um ein Exemplar, das Sie möglicher Weise leichter als ich vom Verleger erlangen können.

---

[1]) Neu abgedr. in dem von mir herausgegeb. Briefwechsel zwischen Hermann Kurz und Eduard Mörike. Stuttgart 1885. S. 127 ff.

[2]) „Freuden und Leiden des Scribenten Felix Wagner", in Mörike und Zimmermann's Jahrb. schwäb. Dichter 1836, S. 56 ff. Hinter dem Pseudonym A. Treuburg steckte kein Geringerer als Friedr. Theodor Vischer.

[3]) Eine Reproduction dieses anmuthigen Jugendporträts von E. Mörike, gezeichnet von J. G. Schreiner 1826, in Lützows Zeitschrift für bildende Kunst 1890).

Später. Mitte Oktober.

Ich war dieser Tage in Berlin, wo ich Paul Heyse mit seiner jungen Frau auf Besuch bei seinen Schwiegereltern (Kuglers) vorfand. Wir sprachen über eine zweite Auflage des "Nolten", und auch er stimmte mit mir gegen eine Umarbeitung. Sie müssen lieber Neues schaffen! Was seit zwanzig Jahren von Ihnen da ist, ist glücklicherweise Eigenthum der Nation geworden; Sie haben, so zu sagen, das Dispositionsrecht darüber verloren. — Auch Eggers[1]) sprach ich, der mir einen, den ersten, persönlichen Gruß von Ihnen brachte. Er hatte Sie nach dem Bilde von Weiß, das er nur einmal bei mir gesehen, erkannt. Von Ihrer Frau, da er nur des Abends im Dunkel neben ihr gegangen, vermochte er mir leider kein Bild zu geben. — Sehr vermißt haben wir beim Lesen Ihres Briefes Ihre Gedichte, die noch mit meiner übrigen Bibliothek in Husum stecken; ein paar der Ihrer Frau gehörigen Lieder wollen mir nemlich durchaus nicht gegenwärtig werden; und in Potsdam hält natürlich keine Buchhandlung Mörikes Gedichte. Nächsten Freitag aber werde ich in der literarischen Gesellschaft den "alten Thurmhahn" vorlesen und einige herzhafte Worte vorangehen lassen, die hoffentlich auch die Potsdamer zum Heile verhelfen werden. — Beiläufig gesagt, bekümmerte sich das große Publicum auch nicht um meine Gedichte; nur "Immensee" hat in einer Separatausgabe eine zweite Auflage erlebt. — Nun geht der Brief allgemach zu Ende, und noch habe ich, der ich insbesondere Vater bin, gar nichts von meinen drei Jungens geredet; und doch legen sie mir schon die tiefsten und nicht zu beantwortende Fragen vor. "Papa," sagte der Zweite,

---

[1]) Karl Eggers, der Herausgeber des Kunstblattes.

E..., („des Hauses Sonnenschein") neulich zu mir, als ich ihn eben ins Bett gelegt hatte, während er noch seine kleinen Hände fest um meinen Hals hielt, und mich mit seinen sehr großen, brennend blauen Augen ansah, — „warum leben wir eigentlich? und dann sind wir wieder todt? Gott! das ist ja doch wunderlich!" Der Junge ist 3³/₄ Jahre und körperlich, obgleich er einen schmächtigen Vater von dem gewöhnlichsten Maaße hat, ein wahrer Riese. — Fast fürchte ich dem H... Unrecht zu thun, wenn ich seiner nicht erwähne; er ist eine wahre Sensitive, ein zarter, höchst anmuthiger Knabe, dessen Gemüthsleben ich mit Gewalt zurückhalten muß; er ist noch immer richtig in den Versen „Nun sitzt auf meinem Schooße still"¹) geschildert. Als neulich in seiner Gegenwart vom Tode die Rede war, und er gefragt wurde, was er denn machen würde, wenn er nun, heut Nacht schon, sterben müßte, sagte er nach einigem Nachsinnen: „Dann würde ich ganz stille sein und mich ganz still dem lieben Gott überlassen." — Was den kleinsten Burschen anbelangt, so ist er seit acht Wochen lediglich mit dem Zahnen und damit beschäftigt, seiner Mutter die Nächte zu rauben, die daher in dieser Zeit auch recht erschöpft ist. — Das wären die Kinder! Sie müssen sie schon mit in den Kauf nehmen. Sie geben mir dafür wieder etwas aus Ihrem Herzen. Was in Ihre Feder fließt, es findet bei mir einen stillen heimathlichen Platz. — Ich lese das Vorstehende wieder durch, und sehe, daß ich leichthin ein sehr schweres Wort geschrieben. Neues schaffen! Ich habe jetzt an meinen Kleinigkeiten selbst empfunden, wie sehr das von den äußern Verhältnissen abhängt; und das „Grüne Blatt" und „Im

---

¹) Storms Gedichte S. 55.

Sonnenschein" tragen die Spuren dieser Abhängigkeit. Wenn man sich nicht auf längere Zeit dem Stoffe mit Behaglichkeit hingeben kann, so wird es eben nur eine Arbeit, und die Gestalten wollen zu rechtem selbstständigen Leben nicht erwachen. Möge Ihnen dergleichen Hinderniß nicht im Wege sein, zum mindsten nicht mehr, als Sie es zwingen können. — Falls Ihnen das Eggers'sche Kunstblatt dort zur Hand sein sollte, so sehen Sie sich vielleicht einmal die von mir geschriebenen drei Artikel über Nienborffs Lieder der Liebe, und Klaus Groths Paralipomena, in dem dazu gehörigen Literaturblatt pr. 1854 an. Die besprochenen Bücher sind unbedeutend und die Artikel nur geschrieben, um Freund Eggers in seinen Redaktionsnöthen beizustehen; aber ich habe dabei Gelegenheit genommen, meine Meinung über dieß und das in lyricis zu sagen, und ich möchte wohl, daß Sie davon Notiz nähmen. Es könnte mancher brieflichen Äußerung zum Fundamente dienen.

Die Lieder von Hetsch und Kaufmann habe ich hier nicht erfragen können. Seit einigen Tagen habe ich uns aber ein Instrument gemiethet (das eigne steht in Husum im elterlichen Hause), und ich werde jetzt wieder an zu singen fangen; so will ich denn mir auch die qu. Lieder schon erjagen. Gluck, Weber, Schubert, Mendelssohn, das ist, was ich am liebsten singe. Mit Mendelssohn geht es mir wunderlich, b. h. mit den Liedern; bin ich davon, so ist mir immer, als sei das rechte Herz doch nicht darin, als seien sie mehr nur phantasievoll und interessant, und schlage ich sie auf, so finde ich doch eine ganze Anzahl, denen ich's nicht abstreiten kann. Augenblicklich bin ich ganz hingenommen von Richard Wagners „O du mein holder Abendstern" aus dem Tannhäuser. Das ist unsäglich schön.

Was Sie mir in Bezug auf die Erfindung in Ihrem „Hutzelmännlein" mittheilen, habe ich mir zum Theil schon gesagt, nachdem ich Ihnen jene andre Meinung geschrieben; ich habe nemlich späterhin wohl herausgefunden, wie Sie hie und da sogar aus einzelnen Volksreimen und Sprüchwörtern, wie aus dem „Klötzlein Blei" Ihre Geschichte herausgesponnen haben. Daß übrigens „die schöne Lau" lediglich Ihre leibliche Tochter, hat mich allerdings überrascht. Die von Uhland mitgetheilte chronicalische Bestätigung Ihrer Dichtung ist allerdings unerklärlich; denn das Vates-thum des Poeten will mir allein dafür nicht ausreichen. Übrigens bin ich völlig Ihrer Ansicht, daß es nicht darauf ankommt, wie viel oder wenig bei solchen Sachen im Stoffe erfunden ist; nur daß dem Dichter das als wirklich vorliegende oft mehr hinderlich als behülflich sein mag.

14. November.

Noch ein Wort über den „Nolten". Ich habe das Buch neulich zwei jungen, ganz gescheuten und gesunden Frauenzimmern unsrer Bekanntschaft in die Hände gegeben, und beide konnten über Constanzens Hingebung an den Herzog durchaus nicht hinwegkommen. Ich suchte ihnen die psychologische Richtigkeit des Falles zu deduzieren, aber umsonst. Es war keine tugendsame Entrüstung bei ihnen, sondern — sie hatten das Interesse an der ihnen liebgewordenen Person verloren. Und ich glaube — trotz dem Urtheile Ihres Freundes Vischer, in dessen Kritischen Gängen,[1]) die ich erst gestern acquirirt, ich in dieser Veranlassung erst S. 233 gelesen — mit Recht! Daß sie sich ohne Ehe und ohne Liebe hingibt, laß ich völlig gelten, denn das letztere

---

[1]) Bd. 2, S. 216 ff.

wird hier durch das gleich mächtige Bedürfniß nach Rache ersetzt; denn Constanzens Fall ist für das Gefühl des Lesers mit S. 246 vollendet; in dem Schreiben S. 384, worin sie Nolten zu verstehen giebt, ihn und Larcens durch ein völliges Opfer ihrer Weiblichkeit losgekauft zu haben, sucht der Dichter sie schon wieder zu erheben, was bis zu einem gewissen Grade freilich auch gelingt. Schlimm aber ist es, daß dieß einem gesellschaftlich höher Stehenden geschieht, der sie schon dadurch maaßlos nach allen Beziehungen hin beleidigt, daß es ihm gar nicht einfällt, sie zur Gleich= berechtigten annehmen zu können, obwohl uns für diese stillschweigend vorausgesetzte Unmöglichkeit gar keine Gründe vorliegen; denn der Herzog allein will dafür nicht genügen. Was aber auf das Gefühl des Lesers gewiß am un= günstigsten wirkt, das ist die vornehme Leichtigkeit und Geschicklichkeit, womit der „schlaue Mann", freilich mit einer leichten Gefühlserregung, sogleich die schwache Stunde zu benutzen weiß. Wäre nur bei ihm die Naivität der Leidenschaft vorhanden, so würde sich die Sache ganz anders ausnehmen. Aber, wie es nun steht, auf der einen Seite Mangel an jeder Neigung, auf der andern nichts als eine in die feinste Bildung gehüllte Sinnlichkeit, Begierde — ich sagte lieber Lüsternheit, denn so wirkt es — das ist allerdings dem Leser zu viel zugemuthet, wenn man ver= langt, daß ihm die betreffende Person hinterher nicht als unrettbar in den Schmutz getreten erscheinen soll. — Diese Scene S. 236—246 lag mir im Sinne, wenn ich von dem Rhetorischen in der Behandlung der Constanze=Parthie sprach.

Da bin ich denn nun doch in eine partielle Kritik des Nolten hineingekommen. Hab' ich damit eine von den Stellen getroffen, die Sie in Ihrem Briefe so hart als widerwärtig bezeichnen?

Von Paul Heyse, der mir vor einigen Wochen davon sprach, soll ein Artikel über mich demnächst im Litteratur-Blatt zum Deutsch. Kunstblatt erscheinen. Haben Sie Gelegenheit es dort zu lesen? sonst werde ich veranlassen, daß es Ihnen von hier zugehe. Ihren „Thurmhahn" habe ich neulich Abends denn in der Literaria verlesen, und eine mir fast unerwartete Wirkung damit erreicht. Vielleicht stimmte ein etwas confuser und gelehrter Vortrag über die unbefleckte Empfängniß Mariä, der vorangegangen, die Gemüther günstig für gesunde poetische Kost! Die Gesellschaft (in der Regel sind 50—60 anwesend) versammelt sich alle 14 Tage Abends 7 Uhr. Einer aus der Gesellschaft hält über irgend was einen Vortrag, dann bleibt man zum Abendessen zusammen. Als nun noch Alle, obwohl völlig gesättigt und mit Cigarren versehen, bei Tische saßen, las ich den „Thurmhahn", nach einer kurzen Einleitung über den Dichter. Es war in dem großen Saal, selbst bei den piano-pianissimo-Stellen, lautlos, und später drängte man sich an mich, um Interesse und Befriedigung auszudrücken, und von dem Poeten zu erfahren, den nur Einzelne aus Blumenlesen kannten. Ich habe nun einige Buchhändler veranlaßt, Ihre Gedichte und die „Idylle vom Bodensee" sich kommen zu lassen.

Unsre Bilder anlangend, so wird das meiner Frau am ähnlichsten erscheinen, wenn Sie recht viel Licht darauf fallen lassen; nur in Mund und Augen ist durch das ihr ungewohnte Sitzen etwas Todtes, Schlaffes hineingekommen, daher man das Bild am liebsten nicht zu genau besieht. Sonst ist es sehr ähnlich, nur etwas jünger soll sie zur Zeit noch aussehen; doch das gleicht sich ja von selber aus. Mein Bild dagegen schicke ich Ihnen nur mit Widerstreben; es brückt die Erschlaffung und Magerkeit meiner Gesichtszüge, die in Folge der gegenwärtigen Überanstrengungen wohl da ist, aber in natura gar nicht so hervortritt, auf eine wirklich erbarmungswürdige Weise aus; daneben hat es etwas Offiziersmäßiges, das mir glücklicherweise gänzlich abgeht. Ich habe dreimal gesessen, aber es ging nicht; ich behalte mir vor, es in besserer Stunde gegen ein anderes zurückzutauschen. Das Buch in meiner Hand ist mein langbewährtes Exemplar Ihres „Nolten". Durch ein Vergrößerungsglas gesehen gewinnen beide Bilder an Ähnlichkeit.

Und jetzt leben Sie wohl, herzlich wohl! wie mein kleiner Hans sagt, Sie und Frau Grethchen und Fräulein Klärchen! Und wollen Sie uns eine, freilich unverdiente, Freude machen, so schreiben Sie einmal vor Weihnachten, wenn auch noch so kurz. Ich werde zu Neujahr antworten.

Es ist jetzt Alles leidlich wohl bei uns.

Ihr
Theodor Storm.

15. November.

Den Vischerschen Artikel über „Nolten" hab ich gestern Abend meiner Frau vorgelesen; er ist vortrefflich, aber der Heysesche, der vielleicht den Dichter noch mehr reproduziert, tritt ihm würdig zur Seite. — Daß eine Jean Paulsche Figur Ihren Larkens an Tiefe übertreffen soll, kann ich Vischer indeß nicht verzeihen.

Ich kann nicht unterlassen, eine Kritik meines Sohnes H. über mein Bild Ihnen beizulegen, die uns soeben in die äußerste Heiterkeit versetzt hat. — Meine Frau fragte ihn: „Ist das denn nun dein Papa?" „Ja — aber, er sieht so berühmt aus, so nachdenklich, (mit Pathos) als wenn er so 'n großer Dichter wäre." Darauf bring ich ein älteres Typbild von mir, das Constanzen gehört, und frag ihn: „Welches ist nun das beste?" „Ja," erwidert er auf das letztere zeigend, „dieß! denn das sieht so berühmt aus, und du bist doch nicht berühmt, Papa! Wenn es Franz Kugler wäre, dann wäre das Berühmte das Beste" (wörtlich).

Es ist ein seltsamer Junge. Ich beabsichtige seit längerer Zeit, ihn zur Schule zu schicken, damit er etwas dumm werde; aber er laborirt fortwährend an kleinem Unwohlsein.

7. Storm an Mörike.

Potsdam, Waisenstraße Nr. 68.
November 1854.

Sie haben in dem ersten Briefe, womit Sie mich erfreut, unter den Gedichten aus den „Sommergeschichten", welche Ihnen besonders zugesagt, den „Waldweg"[1]) angestrichen. Diese Verse haben für mich den Werth einer Erinnerung; ich habe versucht, in ihnen ein Stück meines wärmsten Jugendsonnenscheines einzufangen. — Mein Vater ist der Sohn eines Müllers, was einigermaaßen mit unserm Namen stimmt.[2]) Die (Wasser- und Wind-) Mühle liegt etwa fünf Meilen südlicher als Husum in dem kleinen, heimlich und seitab unter Bäumen gelegenen Dörfchen Westermühlen, wo mein guter Vater bis zur Zeit, da er auf die Gelehrtenschule nach Rendsburg kam, in Wald und Feld, namentlich als Vogelsteller, eine so anmuthige Jugend

---

[1]) Storms Gedichte S. 78.

[2]) Zu der folgenden Schilderung vgl. den oft ähnlich oder gleich lautenden Brief Storms an Emil Kuh, Nr. 12 vom 13. August 1873 in dem von Paul R. Kuh veröffentlichten Briefwechsel in Westermanns Illustr. Monatsheften 1889—90.

verlebt hat, daß er, der vielgesuchte und im ganzen Lande
bekannte Jurist und Geschäftsmann, des Nachts noch fort=
während von dieser, von Fisch= und Vogelfang träumt,
daß er, wenn ihm Abends nach dem sauren Tage unter
seiner Familie das Herz recht aufgeht, unfehlbar von dieser
Vergangenheit zu erzählen beginnt, zu deren Andenken er
sich auch schon seit Jahren im Garten hinterm Hause Brut=
kasten für die Staare — Spreen sagen wir — an den
Mauern der Stallgebäude hat anbringen lassen. Von
Stunde zu Stunde tritt er dann aus seiner Arbeitsstube,
und beobachtet im Frühling ihre Ankunft, im Sommer ihr
Geschwätze, ihr Aus= und Einfliegen, ihre ganze Wirthschaft
mit dem kindlichsten Vergnügen. Während meiner Knaben=
zeit hatte der älteste Bruder meines Vaters, ein kluger und
gemüthlicher Mann, die Mühle. Die großen Bauern in
den umliegenden Dörfern waren fast alle meine Ohme oder
Vettern, die dort noch mit wenigen Ausnahmen in den be=
haglichen, meine Phantasie jetzt noch auf's Angenehmste
anregenden, geräumigen altsächsischen Bauerhäusern wohnten.
(In Westphalen müssen sie nach Immermanns „Münch=
hausen" fast ebenso sein.) Wie manche Herbstferien habe
ich dort verlebt! Mein Hauptquartier aber hielt ich immer
auf der Mühle. Von dort aus wurde die Hauptfreude
und =Beschäftigung, der Drosselsang, in den etwa eine
Viertelstunde vom Dorfe belegenen Wäldern getrieben. Des
Abends saß ich dann mit meinem Oheim unter den Linden=
bäumen vor der Thür des Wohnhauses; und wir flochten
Dohnen aus Weidenzweigen und drehten Schlingen aus
Pferdehaaren. Den Weg zum Walde, den ich, meinen
Korb mit Vogelbeeren und sonstigen Utensilien unterm
Arm, entweder in Begleitung meines Oheims, oder, wenn
er keine Zeit hatte, in der seines Jagdhundes mehre mal

am Tage machte, beschreibt das Gedicht, wie er viele Jahre
später noch vor meiner Phantasie stand. — Im Herbste
1849 war ich das letzte Mal mit meiner jungen Frau und
unserm damals noch einzigen Jungen, H..., zum Vogel=
sang auf der Mühle. Statt des inmittelst verstorbenen
Oheim war dessen Sohn jetzt der Müller; auch die Linden
waren umgehauen und statt des alten großelterlichen Wohn=
hauses selbst war ein neues aufgesetzt. Das Alles störte
mich Anfangs; aber die herzliche Anhänglichkeit, die unser
in die städtischen Verhältnisse übergesiedelter Familienzweig
fortwährend mit den ländlichen Verwandten unterhalten,
glich bald Alles aus. Es sind aber auch prächtige Menschen
von allerfeinstem Herzen darunter, namentlich drei Schwestern
meines Vaters, deren älteste, Tante Gude, ein gebücktes
kleines Mütterchen mit den kräftigen grauen Augen, die ich
vor allen liebe, ich dieses Frühjahr als Todte habe be=
trauern müssen. Und wie meine Frau sich mit ihnen allen
verstand, und wie alle sie hegten und liebten! Ich kann
den Mann der jüngsten Vaterschwester nicht unerwähnt
lassen, den Onkel Ohm (einer seiner Vorfahren hat einen
Holsteinschen Herzog in irgend einer Schlacht herausgehauen,
und letzterer ihm, weil er wie ein Freund und Blutsver=
wandter an ihm gehandelt, diesen Namen und Acker, Wald
und Wiesen geschenkt.) Dieser behagliche und wohlgenährte
Mann (er pflegt zu sagen: „Ick mag gerne dick Botter mit
'n bät (bischen) Brot op"), der für Alles Ohr und In=
teresse hat, war, wenn wir in späteren Zeiten dort waren,
der eigentliche Mittelpunkt unserer geselligen Freuden. Oft
— z. B. in den Pfingsttagen 1847, wo wir mit mehren
Wagen angelangt waren — hatte er drei und vier unserer
jungen Mädchen zu beiden Seiten am Arm, wenn er seinen
grasreichen Hof hinunter schritt übern Fahrweg zum Kirch=

spielsfrug, der natürlich auch von einem Vetter bewirthschaftet wird. Sein Gehöft liegt im Kirchdorfe Holm (Amts Rendsburg). Ich hatte damals eben meine junge Frau geheirathet; meine Brüder waren mit, der Eine mit seiner Braut, einer Schwester meiner Frau, und einige andere Freunde. Wir hatten mehrere Häuser mit Einquartierung belegt. Wir gingen von einem Hause zum andern, fuhren von einem Dorf zum andern, frühstückten hier, aßen dort zu Mittag immer bei Verwandten, und nach dem Kaffee, den wir wieder in einem andern Hause einnahmen, ließen wir die Dorfmusikanten kommen und tanzten bis Dunkelwerden und einer meiner Vettern machte meiner jungen Frau förmlich den Hof, während seine Mutter, meine liebe Tante Lehne, (die Frau des Onkel Ohms, die jüngste Vaterschwester) sie zärtlich mit ihren sanften schönen Augen verfolgte. Dann Abends bis tief in die Nacht saßen wir in dem weitläuftigen wüsten Garten unter den dunkeln Taxusbäumen und hörten am Teiche und aus der Ferne von unten aus dem Dorf die Nachtigall schlagen, wie ich sie niemals weder zuvor noch später gehört habe. — Sie müssen noch einmal nach dem eine halbe Stunde vom Kirchdorfe entfernten „Westermühlen" mit mir zurückkehren. Wir bleiben aber nicht auf der Mühle; wir gehen hintenaus am Garten entlang und pflücken aus dem Rankengewirr, das sich an dem Zaune hinzieht, bei der Hitze des Herbstnachmittags etwa eine süße glänzend schwarze Brombeere; dann über ein paar höher gelegene Ackerstrecken, bis wir links um ein Stückchen längs einem Arm des Mühlenbaches hingehen. Bald sind wir, wo wir wollen, auf dem sogenannten „Vordamm"; vor uns in grüner Busch- und Wieseneinsamkeit neben uralten Eichen liegt ein anmuthiges sauberes Gehöft mit rothem Mauerwerk, weißen Läden und ungeheurem, fast zur Erde reichenden Strohdach. Hier wohnte im Jahre 1849 mein Vetter „Hans auf dem Vordamm", der vorig Jahr mit Hinterlassung eines Sohnes gleichen Namens gestorben, nachdem vor ihm sein Vater gleichen Namens dort gehaust hatte. Auf einer Wiese neben dem Hause stehen noch jetzt die Reste der Umzäunung eines „Bienen= oder Immenhofes", wie ich einen solchen in meinem „Grünen Blatt" beschrieben, und zwar hatte der Besitzer sie aus Pietät gegen die Jugend seines jüngern Bruders, eines sinnigen liebenswürdigen Menschen, so unberührt stehen lassen, der als Knabe und auch noch späterhin, so lang er zu Haus gewesen, hier die Bienenzucht getrieben und dann durch die Familie an eine reiche Bauerntochter im Dorfe Holm verheirathet worden ist, wo er jetzt als begüterter Bauer, aber mit dem alten kindlichen Herzen, unter vielen Kindern lebt. Mit diesem meinem, einige Jahre älteren Vetter Jürgen Storm, stand ich vor einigen Jahren, über Knabenerinnerungen und über meine Besuche in frühern Zeiten plaudernd, zwischen den wild hinauswachsenden Büschen des alten Immenhofes. Wir entsannen uns zusammen aller möglichen kleinen Geschichten, des Storchs, den ich, von ihm verleitet, ruchloser Weise vom Baum geschossen, worüber mein Knabenherz mir noch lange die bittersten Vorwürfe gemacht; der Dohnen in seinem Garten, in die er mir alle Viertelstunde dieselben Krametsvögel hieng, bis ich am Ende den gefangenen Vorrath inspiciren wollte — — nur in Einem blieb ich allein, und es ist mir bis auf den heutigen Tag ein Räthsel geblieben. Ich entsinne mich nemlich — die Zeit und Gelegenheit weiß ich auch nicht einmal annähernd anzugeben — mit dem Vetter Jürgen aus der kleinen Seitenthür des Hauses grade in die Wiesen über kleine Gräben und durch Bruch=

land und Buschwerk in einen Wald hinabgegangen zu sein; auf dem Wege schnitt er mir Pfeifen aus Erlenholz; was mich aber damals wie ein Märchen anheimelte: in einer sonnigen Waldlichtung sah ich zum ersten und letzten Mal in meinem Leben eine von den großen smaragdgrünen Eidechsen. Sie saß auf einem Baumstumpf und sah mich wie verzaubert mit ihren goldnen Augen an. Als ich das meinem Vetter erzählte, lachte er mich aus und wollte nichts davon wissen. Nach jener Seite hin, so wie überhaupt so in der Nähe sei gar kein Wald, und so lange er denken könne, auch keiner gewesen. Ich überzeugte mich selbst, er hatte Recht; überall nur Busch und Wiesen und Äcker und einzelne alte Bäume. — Wo aber bin ich damals denn gewesen?

Später. Ich habe Ihnen da zu wenig Versen einen langen Commentar geschrieben; aber Sie erhalten dadurch zugleich einigermaaßen einen Begriff von dem Boden, auf dem ich gewachsen. Das starke Heimathsgefühl in mir, die jeden Tag mehr empfundene Unmöglichkeit, mich anderswo (namentlich hier) zu acclimatisiren, mag wohl damit zusammenhängen, daß meine Vorfahren sowohl von Mutters als Vaters Seite Jahrhunderte lang respectiv in ihrer Vaterstadt oder auf ihren ländlichen Erbsitzen gehaust haben, und daß ich mit diesem Bewußtsein, und als könne das gar nicht anders sein, aufgewachsen bin. In Husum lebte ich gleichsam in einer Athmosphäre ehrenhafter Familientraditionen; fast alle Handwerkerfamilien hatten in irgend einer Generation einen Diener oder eine Dienerin unsrer Familie aufzuweisen; die Namen meiner Voreltern waren mit der guten alten Zeit verschwistert, wo noch mein Urgroßvater, der alte Kaufherr Friedrich Wolbsen, jährlich einen großen Marschochsen für die Armen schlachten ließ.

Meine Mutter[1]) gehört durch ihre beiden Eltern dem jetzt ausgestorbenen althusumschen Patriziate an, woraus Jahrhunderte hindurch die bedeutenden Kaufherrn, die Sindici und Bürgermeister der guten Stadt hervorgiengen. Da der männliche Familienzweig der Wolbsen in der Hauptlinie ausgestorben, so bin ich, wie auch meine Jungens, „Wolbsen Storm" getauft, um den Namen zu erhalten. Daneben habe ich, wie alle Erstgebornen in der väterlichen Familie, noch den „Hans" vor dem „Theodor", welcher letztere, bei dem ich genannt werde, lediglich seiner Zierlichkeit wegen aus dem Kalender herausgesucht sein soll. In „Westermühlen" waren wir beiläufig mitunter sechs und sieben Hänse (Storm) beisammen und es gehörte Übung dazu, um nicht in Confusion zu gerathen.

3. Dezember.

Endlich habe ich auch einmal wieder ein Exemplar Ihrer Gedichte in Händen, die jetzt glücklich in den hiesigen Buchhandlungen angelangt sind. Ich habe verschiedentlich daraus vorgelesen; vor einem kleinen auserlesenen Kreise glückte es mir neulich außerordentlich; und als die Empfänglichkeit der Hörer mit jedem Stücke stieg, schien ich mir zuletzt selber derart zu lesen, daß ich mir lebhaft den Dichter selber unter meinem Publikum wünschte. Ich las 2. Aufl. S. 73. 74. 186. 30. 61. (ich glaube mich zu erinnern, daß in der ersten Auflage das Gedicht nur aus den beiden Absätzen „Wie süß der Nachtwind ꝛc." und „Wie ein Gewebe zuckte" besteht. Ich würde dieß vorziehen, denn diesen wunderbaren Versen, worin der Dichter uns die Urform der Dinge zu offenbaren scheint, sind die andern Theile des Gedichts nicht ebenbürtig und — die

---
[1]) Lucie Wolbsen.

ersteren bilden ohnehin ein geschlossnes Ganze für sich.) 60. 138. 240. 69. 53. 169. 266. 247. „die Schweinsfüß", den „Rettich", — und mein Publicum blieb immer voll frischen Interesses. „An einen Klavierspieler", das sich besondern Beifall gewann, wurde von einem gegenwärtigen desgleichen und zwar selten vortrefflichen Künstler durch die Vogel-Etübe von Henselt belohnt, auf die mir ganz besonders der letzte Vers zu passen schien. Kennen Sie sie nicht, so lassen Sie sich sie wo möglich einmal spielen: ich habe in dem Genre fast nichts Reizenderes gehört; es klingt wirklich als gienge es auf goldnen Saiten. In der Literaria las ich neulich auch eine series Ihrer Gedichte und vor Allem schien „der Sehrmann" und „O Fluß, mein Fluß" anzusprechen; aber ich las nicht so gut; ich war meines Publicums von vornherein nicht so gewiß; es fehlten die Frauen und die Jungen. Von auf Frau Gretchen bezüglichen Sachen hat mir und Constanze am besten „An Elise" gefallen; die „schwarzen Augen" S. 232 haben wir uns wohl gemerkt.

Der Schluß meines „Grünen Blattes", um noch einmal darauf zurückzukommen, ist mir neulich beim Wiederdurchlesen allerdings selbst bedenklich vorgekommen, d. h. nicht der allerletzte Schluß, der eigentlich nur dem Rahmen des kleinen Bildes angehört, sondern der, welcher den Abschied im Walde schildert. — Mir ist aber, seit ich in der Fremde bin, als sei das rechte warme Productionsvermögen in mir zerstört. Vielleicht wenn ich erst wieder festern Boden fasse.

Potsdam den 5. August 1855.

Auf diesem alten und, wie ich jetzt sehe, sehr kindlich geschriebnen Fragment fahre ich fort.

Verehrter Freund! Wenn ich an meinen letzten Brief

denke, der mit unsern Typbildern hoffentlich in Ihren Händen ist, so fallen mir allerlei Dummheiten ein, die darin stehen, und deren jede für sich schon Ihre Antwort zurückgehalten haben kann. Nun aber liegt folgender casus vor! Meine Eltern, die eine Zeitlang bei mir zum Besuch gewesen, reisen von hier nach Heidelberg-und ich reise mit ihnen.

Hätten Sie etwa, Sie und die Ihrigen, einen halben Tag für mich übrig, wenn ich von dort einen Abstecher nach Stuttgart machte?

Ich schreibe dieß nicht ohne einiges Zagen, und fürchte schon, Sie werden auf einer Ferienreise oder es werde sonst ein Hinderniß sein, das mir diese große Freude vereitle. Bin ich doch während des 14tägigen Besuchs meiner Eltern hier bis auf die ersten Tage beständig bettlägerig gewesen, und stehe jetzt erst auf, da sie weiterziehen. Ich werde mich noch einige Tage erholen und dann Mittwoch ihnen nachreisen. Fürchten Sie deß ungeachtet nicht, einen kränklichen Mann zu begrüßen. Ich bin nur dieß eingesperrte Leben in wenig heißen Zimmern nicht gewohnt; da kommt denn Rheuma und Nervenabspannung mitunter zum Äußersten. Hoffentlich werde ich noch diesen Herbst (vielleicht in Prenzlau) als Kreisrichter eine feste Stellung bekommen, dann werde ich auch in dieser Beziehung mich besser vorsehen.

In Heidelberg denke ich Freitag 10. August, vielleicht schon Donnerstag einzutreffen; Sonnabend, Sonntag oder Montag, spätestens Dienstag würden dann die Tage sein, aus denen einer für die Stuttgarter Tour zu wählen wäre. Dürfte ich Sie nun bitten, mir („Assessor Th. Storm aus Potsdam") poste restante nach Heidelberg eine kurze Nachricht zu schreiben, ob ich Sie, verehrtester lieber Mann, diese Tage daheim treffen werde, und etwa an welchem

Tag am liebsten? und zwar so, daß ich den Brief sogleich bei meiner Ankunft in H. schon vorfände, wo ich Ihnen dann umgehend ein Bestimmtes melden würde.

Meine Frau leider „muß ferne sein, muß ferne sein!" Vor etwa acht Wochen hat der Storch uns wieder einbescheert, und zwar endlich eine Lisbeth. Mutter und Kind sind wohl; die erstere grüßt herzlich und wird mich mit sehnsüchtigen Augen begleiten.

Und jetzt — möge mein Brief Sie alle wohl antreffen und möge er nicht unwillkommen sein!

Herzlich Ihr

Th. Storm.

NB. Wenn Sie einen „Groth Quickborn" zur Stelle hätten, so läse ich Ihnen gern ein oder andres Stück.

8. Mörike an Storm.

[Stuttgart, August 1855.]

Welche liebliche Aussicht, mein theurer Freund, Sie in Person hier bei uns zu haben! Meine Freude darüber war so groß, daß das böse Gewissen, das Fünkchen von Schrecken (der entsetzlichen Briefschuld wegen) augenblicklich darin erlosch und untergieng. Sonnabend, Sonntag, Montag, Dienstag, ein jeglicher Tag, wo es taget und nachtet, ist gut, wenn er Sie herbringt. Eine kurze Anzeige desselben wäre wohl recht, damit wir jeder möglichen Störung und bösen Zufällen vorbeugen. Ich werde zur gesetzten Viertelstunde (wenn Sie mir diese auch vielleicht bemerken könnten,) im Wartesaal des hiesigen Bahnhofes sein[1]) und

---

[1]) Storm, meine Erinnerungen S. 159.

meinen Mann aus den tausend Gesichtern, nach dem über meinem Sopha hängenden Signalement, auf den ersten Blick erkennen. Jenes Profil aber finde ich nicht — das ist leidig! Wir wollen es zusammen recht lebendig unter seinem Glase werden lassen. Ich kenne Sie nun beinahe allesammt von den Enkeln hinauf bis zu den Großeltern. Es ist herrlich, was sie uns da neuestens wieder erzählen! — Von den Gründen meines non scripsisse, die eigentlich ganz unergründlich sind, hier weiter nichts, als daß mir wohl die Fülle und Güte Ihrer Gaben selbst das erste Hinderniß gewesen. Ich habe außer mir und den Meinen noch ein paar gute Seelen damit erquickt, ja recht damit geprangt, und dennoch blieb Dank und Erwiderung — in Hoffnung auf, ich weiß nicht was, immer verschoben. Jetzt wissen wir's zwar. Also: tausend Willkommen! auch von Gretchen und Clara.

Empfehlen Sie mich Ihren Eltern innig und ehrerbietig.

Mittwoch.   Ihr treuer Mörike.

9. Storm an Mörike.

Heidelberg, Gasthof zum Ritter,
August 1855, Sonntag Abend.

Erst heute Mittag sind wir hier angekommen, und der schriftliche Empfang, den ich von Ihnen vorfand, hat mir Heidelberg so schön wie möglich gemacht. Ich denke nun — und hoffentlich ist auch Ihrerseits dabei nichts im Wege — am Mittwoch Morgen 7 Uhr 20 Min. von hier zu fahren, und dann 11 Uhr 5 Min. in Stuttgart einzutreffen; meine Eltern werden dann Donnerstag nachkommen, so daß mir denn mindestens für den ganzen Mittwoch von 11 Uhr ein ungestörtes Beisammensein mit Ihnen und den Ihrigen vergönnt ist. — Mein süßes geliebtes Profil ist in dieser Zeit ein wenig bleich und schmal geworden; sie hat ihr kleines Mädchen nicht umsonst. Wie gerne brächte ich sie Ihnen einmal und wie gerne ließe sie sich bringen! Ihr Briefschweigen sei Ihnen ganz verziehen: ich werde mich aber künftig nicht wieder dadurch bange machen lassen. Und jetzt leben Sie wohl für heute, grüßen Sie Ihre Frauen und gehen Sie gut mit mir und meiner Dummheit um, wenn ich mich am Mittwoch wirklich in Ihre Hände liefere. Ob Sie mich wohl finden werden? Die Sonne hat mir gestern eine rothe Nase gemacht, die mir übel zu Gesichte steht; nöthigenfalls möge dieß „besondere Kennzeichen" Ihnen zu Hülfe kommen.

Meine Eltern erwidern Ihren freundlichen Gruß.

Wie immer Ihr

Th. Storm.

10. Storm an Mörike.

Potsdam, Waisenstr. 68, 27. August 1855.

Seit dem 22. d. M. bin ich denn wieder bei den Meinigen, und habe mich schon fast gänzlich arm erzählt. Constanze hat in Dank und Demuth ihr Diplom empfangen; der kleinen Lisbeth sind die Schühlein mit einem Gruß von Fanny[1]) auf die Wiege gelegt; — mögen die jungen Damen sich einmal freundlich im Leben begegnen!

---

[1]) Mörike's ältester Tochter; vgl. Storm, meine Erinnerungen S. 172.

Die letzten Reisetage ließen mir Muße, in Gedanken noch recht bei Ihnen und in Ihrem Kreise zu sein; es war Alles, wie ich es mir gedacht, nur in kleinen Zügen hie und da ein Andres. Ihre Schriften erscheinen mir nun als ein ganz natürlicher und nothwendiger Ausfluß Ihres Wesens; die sanft auftretende Freundlichkeit Ihrer Frau, die doch nicht ohne Schelmerei scheint, das ruhige, in sich geschlossene Wesen Ihrer Schwester Clara, das ich mir nur äußerlich ein wenig mehr hervortretend gedacht hatte — mir ist, als hätte ich Alles, selbst die kleine Fanny, schon vorher aus Ihren Schriften gekannt. Der kurze Tag wird, so lang ich lebe, zu meinen theuersten Erinnerungen gehören; nur wünschte ich dennoch, wir hätten einmal so recht selbander beim Mergentheimer, der mir übrigens — sub rosa! — eine leichte körperliche Buße auferlegt hat, gesessen; doch — Sie, lieber verehrter Mann, Sie kommen noch zu mir, und sitzen auch einmal in meiner Familie; Sie haben ja über Ihre Zeit so ziemlich zu disponiren. Auf Ihrer großen Reise nach dem Norden machen Sie Halt bei uns; wir richten Ihnen ein Zimmerchen ein, Sie arbeiten sogar poëtice, Abends am Theetisch; Sie glauben nicht, wie lieb Constanze ist. So eine Veränderung würde Ihnen körperlich wohl thun, und unter diesem Titel auch Frau Grethchen nichts dawider haben, Sie eine Zeit zu missen. Glaubt mein alter thörichter Vater doch sogar, Sie könnten ihn in Husum besuchen. So übel wär's beiläufig nicht; da könnten Sie Land und Leute kennen lernen, und im Übrigen ist gut Quartier in meiner Eltern Hause. Überlegen Sie's einmal auf nächsten Sommer! Es ließe sich trefflich verbinden; von meinem Wohnort — annoch X — reisten wir beide dann zusammen an die Nordsee. Ich werde — wenn wir allerseits leben — rechtzeitig wieder anfragen.

Kerner hab ich leider nicht gesehen; wir kamen erst ½9 im Dunkeln nach Heilbronn; so spät konnte ich doch den alten Herrn nicht überfallen. Die Neckarfahrt wurde etwas durch einen kalten Wind beeinträchtigt; besser gelang die Rheinfahrt von Mainz nach Cöln. In Bingen waren wir Nachts; es war grabe das vom „Seligen"[1]) beschriebne Rochusfest; doch hab ich nichts davon gesehn als einige Bettelmönche auf dem Dampfschiff und einige bezopfte Kellner im Hotel. Aber am andern Morgen sah ich den alten Strom in solchem grünem Dufte, daß mir mit einem Mal seine ganze Poesie lebendig wurde, — ich hörte die Lurleilieder; Brentanos Märchen fuhren singend den Strom hernieder. Leider war unser Reisen nur zu sehr ein bloßes Besehen. Diese Eile saß mir auch bei Ihnen wie eine heimliche Unruhe im Herzen.

Gern hätte ich noch ein Näheres über die neue Auflage des „Nolten" mit Ihnen geredet. — Einer Bemerkung, die Sie übrigens zu nichts in dieser Beziehung zu veranlassen beabsichtigt, wollen Sie hier ein stilles Plätzchen gönnen:

Es ist mir von verschiednen Lesern des „Nolten" die Äußerung gemacht, daß sie bei dem Larkens die Darstellung oder wenigstens eine bestimmtere Andeutung der Begebenheiten vermißten, aus denen sich sein trostloses Geschick entwickeln konnte. Dieser Einwand hat vielleicht einige Berechtigung wegen der bedeutenden Stellung, die L. in der Erzählung einnimmt. Mir ist es, wie ich [mich] sehr wohl erinnere, ebenso gegangen, und erst später hat sich mir diese Lücke in gewisser Weise persönlich dadurch ausgefüllt, daß mir diese Figur in einem ähnlichen Verhältniß

---

[1]) Goethe.

zum Dichter erschienen ist, worin z. B. Werther zum Göthe steht; nur daß der Dichter des Larkens über das, was er selbst in und an sich erfahren, hinweggeht, und uns nur die finstersten Consequenzen daraus in seiner poetischen Figur zur Anschauung bringt, welche er selbst durch seine größre Kraft, vielleicht mit Hülfe dieser poetischen Befreiung vermieden hat. Das Bedürfniß des Dichters war hier nicht zugleich, wie im Werther, das Erlebte zu recapituliren, sondern lediglich das letzt mögliche Resultat fest zu stellen. — Ich mag mich irren; denn die Hermeneutik ist eine zweifelhafte Kunst; dennoch wundre ich mich, daß kein Beurtheiler des Buchs darauf gekommen.

Noch eins in Betreff des „Nolten", oder vielmehr der neuen Auflage desselben. Veranlassen Sie doch Ihren Verleger, dem Buche einen guten Kupferstich des anmuthigen Jugendbildes von Ihnen beizugeben. Es scheint mir so ganz dahin zu gehören.

Und nun noch eine Bitte, die auch in gewisser Beziehung zu einer der letzten Partieen des Nolten steht. — Sie sprachen bei Gelegenheit der Seherin von Prevorst von derartigen eignen Erfahrungen, die Sie mir mittheilen wollten. Lassen Sie dieß, bitte, etwa auf einem aparten Stückchen Papier, das Sie gelegentlich einem Briefe anlegen, geschehen! Einen kleinen, vielleicht nur scheinbar unbedeutenden Beitrag kann auch ich liefern, und will ihn hier erzählen.

H... war ein Jahr alt, und meine Frau hatte ihn seit einiger Zeit wegen Nervenschwäche in der Mädchenstube schlafen lassen müssen, die sich neben unserm Schlafzimmer befand. Unsre beiden Betten standen dicht nebeneinander. — Eines Abends hatten wir mit Freunden (Prof. Mommsen in Eisenach) darüber gesprochen, in wiefern Jemand durch bloße Vorstellungen oder Gedanken in einem Andern ähnliche oder corresponbirende bewirken könne. Nachdem meine Frau und ich zu Bett gegangen, und etwa ein paar Stunden geschlafen hatten, erwachte ich mit der lebhaften Vorstellung, daß der kleine H... neben mir auf dem Kissen sitze. Während ich, im Bette aufgerichtet, die Stelle betrachte, wo nach meiner Meinung sich das Kind befinden sollte, erwacht auch Constanze, und fragt mich sogleich: „Du, hast du H... bei dir im Bett?" — „Nein, warum meinst Du das?" — „Ach, es war mir nur so." Da hatten wir Beispiel und Bestätigung zugleich. Man könnte sagen, ich hätte im Traum geredet und C. hätte das gehört. Ich thue dieß aber nie; auch schlief C. noch, während ich schon wachte. —

Das beifolgende Exemplar der Gedichte bitte ich in Hartlaubs[1]) Hände gelangen zu lassen mit der Bitte um freundliche Annahme. Zugleich bitte ich, ihm als Beitrag zu unserm Gespräche über vaterländische Poesie mitzutheilen, daß mir gestern von einem Herrn von —, gewaltigem Anti=48ger, die Erklärung wurde, vaterländische Poesie sei, wenn z. B. ein Preuße Kriegslieder für die Preußische Armee schreibe. Kann man nun so etwas schön Dummes passiren lassen, ohne es zu „spießen"? Man braucht selber gar nichts hinzu zu thun.

„Ich meine in dieser Weise:
Wenn Einer, z. B. ein Preuße,
Kriegslieder schrieb für die Preußiche Armee".

Mit meinem beifolgenden Büchlein hab ich mich nicht ohne Grund an die frauliche Milde gewandt. Mir ist, als

---

[1]) Pfarrer Wilhelm Hartlaub, gest. 1885. Vgl. Deutsche Rundschau, 1884, Bd. XLI, S. 275 ff.: „Von Eduard Mörike".

hätte ich die „Angelica" nicht sollen drucken, sondern als Studie ruhig im Pult liegen lassen. Mir ist nicht ganz wohl, nun sie draußen in der Welt ist. Ich werde mir aber für ein etwanig ander Mal dieß Gefühl der Unbehaglichkeit zu ersparen wissen. Das „Grüne Blatt" ist wesentlich nach Ihrem Rathe, doch leider etwas invita Minerva überarbeitet; an Fülle hat es jedenfalls etwas gewonnen.

Soeben heißt unser Arzt uns Präservativmittel gegen die Cholera im Hause zu halten, die hier einzeln aber immer sofort tödtlich aufgetreten ist. Es ist ein eignes Gefühl, sich mit seiner Familie diesem ungeheuern Zufall preisgegeben zu wissen. Ich lebte noch niemals, wo diese Krankheit war.

7. Oktober.

Der Brief ist unverantwortlich liegen geblieben, weil ich noch immer keine Grünen Blätter vom Verleger erhalten habe, von denen eines ihn doch begleiten sollte. Aber morgen müssen sie kommen. — Ich habe, seit ich das Letzte schrieb, mich gar oft gefragt: weßhalb bist du nach Preußen, weßhalb nicht nach Schwaben gekommen? Ich habe Vischers Aufsatz „Strauß und die Wirtemberger" gelesen, worin er die Süddeutschen und Norddeutschen (er meint freilich eigentlich die Berliner) einander gegenüberstellt, und mich durchweg den Ersteren viel verwandter gefühlt als seinen Norddeutschen, unter denen ich seit Jahr und Tag nun lebe. Mein Vater schrieb mir sogar neulich in ganz ernsthaftem Ton, er habe daran gedacht, sich am Neckar anzukaufen; die Heimath sei ihm doch verleidet. Daraus wird nun freilich nichts, und er würde die Heimath auch in ihrer jetzigen traurigen Gestalt nur schwer entbehren können. Die Reise ist den Eltern übrigens gut bekommen, obgleich meinem guten Vater seine wirklich massenhafte Arbeit anfänglich etwas sauer geworden ist. — Es war doch schön, daß Sie auch noch meine Eltern kennen lernten! Mir ist, als hätte ich mich dadurch erst recht Ihrer persönlichen Theilnahme versichert.

Vor einigen Tagen war ich in Berlin. Eggers und Lübke (Kunstmensch und vortrefflicher Klavierspieler) hatten Ihren „Mozart" gelesen, und waren ganz entzückt davon. An die poetische Übersetzung der über Ihrem Sopha hängenden Landschaft hab ich auch mitunter gedacht.¹) Mit dem Vordergrunde käm ich in meiner Weise vielleicht zurecht; aber hinten! — ich weiß nicht, wie sich das Mondlicht mit den Bergen verträgt. Ja, wenn 's das Meer wäre! z. B. Ich will Ihnen Eins dergleichen aus der demnächstigen zweiten Auflage der Gedichte ausplaudern.²)

Die beiden ersten Zeilen der 4ten Strophe sind mir eigentlich noch nicht tief und individuell genug gefaßt, obgleich der Sache nach richtig. Es kommt nemlich darauf an, das Geräusch des Windes von dem des Meeres zu trennen. Wie oft, wenn ich an stillen Herbstabenden aus meiner Hofthür und in meinen Garten trat, hörte ich in der Ferne das Kochen des Meers. Und wie liebte ich das! schon damals; und wie erst jetzt!

13. Oktober.

Gestern erst ist das „Grüne Blatt" gekommen; so pack ich denn für dießmal zusammen, und danke noch einmal

---

¹) Storm, meine Erinnerungen S. 161.
²) Beigelegt ist: „Am Strande bei Husum" Gedichte S. 10; zu Strophe 1 gibt St. folgende Erläuterung: „Watten" nennt man das schlammige Vorland, das von der Fluth bedeckt und bei der Ebbe bloß gelegt wird.

herzlich), und Constanze mit mir, für die guten Stunden, die mir bei Ihnen und den Ihrigen geworden sind.

Ihr
Th. Storm.

11. Storm an Mörike.

Potsdam, Waisenstr. 68, 2. Dezember 1855.

Beifolgend, verehrter Freund, kommt nun die neue Auflage der Gedichte und bittet um ein Plätzchen auf Ihrem Repositorio. Viel Neues wird für Sie nicht darin sein; aber es ist nun doch Alles hübsch beisammen. Hinzugekommen sind S. 6. 7. 29. 34. 57. 72. 73. 83. Nr. 2. 88. 100. 103. 111. 113. 116. und von ältern Sachen 154. 165. 183. außerdem die Zueignung. Das Gedicht S. 29 hat eine eigene Geschichte. Als ich vor reichlich 2 Jahren zum ersten mal einer Sitzung der Berliner Künstler- und Poetengesellschaft, des sogenannten Tunnels, beiwohnte, wurde das abschriftlich beiliegende (es ist nicht gedruckt) Gedicht Kuglers vorgelesen und darauf besprochen. Mir gefiel es nicht, namentlich weil mir der so sehr im Stoffe liegende Conflict von Sitte und Leidenschaft ganz außer Acht gelassen schien. Ich äußerte dieß leise gegen Eggers, der hinter mir saß; da ich mich aber hier des Weitern nicht auslassen konnte, so vermaß ich mich kurzweg — denn in demselben Augenblick standen schon die ersten Verse meines Gedichtes mir vor Augen — eine Kritik in Beispiel zu liefern. So entstand das Gedicht[1]); es ist später im Tunnel in meiner Abwesenheit vorgelesen worden und Eggers sagt mir, er habe Himmel und Hölle nie so dicht beisammen gesehen; Kugler war nicht

---

[1]) „Geschwisterblut", Storm's Gedichte S. 35.

damit einverstanden. Der Stoff ist überhaupt wohl kaum berechtigt; unsre Sitte sträubt sich so dagegen, daß es vielleicht unmöglich ist, das Interesse des Lesers für die Schwester zu gewinnen; auch ist der Schluß sehr heidnisch und ganz innerhalb der Leidenschaft. Ich war daher lange zweifelhaft, ob es aufzunehmen sei. Was meinen Sie davon? Tiefe und Innerlichkeit wird man wenigstens der Behandlung lassen müssen.

Und nun noch ein Allgemeines. Sie sagten mir bei meiner Anwesenheit in Stuttgart, es habe Sie Wunder genommen, in meinen kleinen Sachen in Prosa keine Spur des Schmerzes über das Schicksal meiner Heimath zu finden. Wir kamen damals nicht dazu, uns hierüber näher auszusprechen; die Antwort aber ist die: Sobald ich recht bewegt werde, bedarf ich der gebundnen Form. Daher ging von allem, was an Leidenschaftlichem und Herbem, an Charakter und Humor in mir ist, die Spur meist nur in die Gedichte hinein. In der Prosa ruhte ich mich aus von den Erregungen des Tages; dort suchte ich grüne stille Sommereinsamkeit.

Möge Ihnen denn nun auch diese zweite Auflage lieb sein, wie Sie die Erste freundlich bei sich aufgenommen haben. Könnten Sie irgend ein Wort über dieselbe im „Morgenblatt" veranlassen, so würde mir das sehr lieb sein; ich möchte wohl in dem schönen Schwaben als Lyriker ein wenig bekannt werden. Doch sollen Sie sich deshalb in keiner Weise incommodiren; es kommt mir jetzt fast vor, als nehme das „Morgenblatt" dergleichen nicht auf.

Das Märchen, oder wie es jetzt überschrieben ist, „Hinzelmeier. Eine nachdenkliche Geschichte", habe ich jetzt — es ist zuerst 1850 geschrieben — umgearbeitet, und zweifle ich nicht daran, daß es Ihnen besser gefallen wird, als die „Angelica", von der beiläufig ein Kritikus in der Spener'schen Zeitung behauptet, sie sei „so geziert geschrieben und überall auf den äußerlichsten Effect berechnet, daß der Mangel an Originalität dadurch grell zu Tage trete".

Meine persönlichen Angelegenheiten anlangend, so bin ich noch immer in Erwartung einer festen Anstellung, was grade nicht zur Behaglichkeit des häuslichen Lebens bei= trägt. Im Übrigen sind wir leiblich gesund. Lisbeth mit ihrem klaren Gesichtlein scheint mir ihrer Mutter ähnlich zu werden, womit ich denn wohl zufrieden bin; ich habe sie oft bei mir im Sopha sitzen, wenn ich schreibe; Sie wissen, ich bin ein passionirter Vater. Darum lassen Sie mich auch in Ihrem nächsten Briefe ein gründliches Wort von Fanny hören, und namentlich auch die Versicherung, daß Sie sie durchaus nicht aufregen. Hören Sie, Frau Grethchen, sorgen Sie dafür! ich fange an, das bei meinem H... jetzt zu bereuen. Das Lesenlernen greift ihn so an, körperlich, daß er oft dabei unwohl und dann total dumm wird, während der Riesenjunge E... durch dick und dünn liest und schreibt, und dabei mit funkelnden Augen aus= ruft: „Das is ja nur Spaß!" Der dritte, K..., ist auch nur ein zartes Gewächs, aber ein kleiner kluger Plauderer. Nun möcht ich für meine drei Jungens das Märchen von Hansel und Grethel dramatisiren, und mit einem wirklichen Pfefferkuchenhäusel am Weihnachtabend zur Aufführung bringen, — wenn sich bis dahin nur noch die harmlose Stimmung finden will.

Von meinen Eltern sind gute Nachrichten da; meine Mutter ist seit einiger Zeit in Kiel, wo sie meinen jüngsten Bruder Amil, der dort Medicin studirt, einen prächtigen Jungen, in einem jetzt glücklich überstandenen gastrischen Fieber gepflegt hat.

Gestern Abend las ich in einer kleinen Gesellschaft Ihre „häusliche Scene"; ich hatte grade die rechte Stimmung dafür; und „sehr fein!" riefen wir ein über's andre Mal. Aber so geht's: früher, ich schrieb es Ihnen, gefiel sie mir nach dem „Thurmhahn" nicht so recht. Jedes Ding will eben seine eigne Stunde haben.

Und nun leben Sie wohl für dießmal, und haben Sie einen frohen Weihnachten mit ihren beiden lieben Frauensleuten und ihrer kleinen Fanny! Constanze grüßt Sie alle herzlich!

Und, liebster Mörike, wann reisen wir nach Husum?

Ihr
Theodor St.

12. Storm an Mörike.

Potsdam, Kreuzstr. 15, 3. Juni 1856.

Dieß Mal, verehrter Freund, werden Sie aber ohne Antwort nicht loskommen; die sämmtlichen Argonauten bitten freundlich darum. Die Sache ist die —

Der Buchhändler Trewendt in Breslau will eine Art Jahrbuch für Kunst und Poesie herausgeben (pro notitia: die Sache ist noch Buchhändlergeheimniß), das mit dem Düsseldorfer Künstleralbum concurriren, womöglich aber etwas bessern Inhalt bieten soll, und hat die Redaction des Textes (der auf 6 Bogen berechnet ist) den Dichtern der „Argo", die der (24) Bilder, von denen nach Belieben einige zum Text gezeichnet sein können, einer Anzahl Berliner Maler Riefstahl, Burger, Arnold, Wiesnewsky, Hosemann, Menzel ꝛc. anvertraut. In einer neulich abgehaltenen Versammlung wurde einstimmig beschlossen, Mörike, Geibel und Viktor Scheffel („Ekkehardt", „Trompeter von Säckingen") freundlichst zu ersuchen, unserm Kreise beizutreten.

In diesem Auftrage komme ich denn heute zu Ihnen und bitte, uns nicht zu verschmähen und Ihre milden Beiträge diesenfalls wo möglich, namentlich wenn ein Bild dazu sollte, umgehend, spätestens aber in 4 Wochen an mich einzusenden. Auch Prosa würde Ihnen bis zum Raum von 1 Bogen gestattet sein. Das Honorar ist 16—20 Th. pr. Bogen; ich werde Ihnen natürlich den höchsten Satz veranlassen.

Aber nun keinen Korb! Etwas bitte ich mir jedenfalls aus; zumal es vielleicht der einzige Dienst ist, den ich der Sache leisten kann. Meine Taschen sind augenblicklich gänzlich leer; ich habe die letzte Zeit nur im Preuß. Landrecht gelebt.

Ihr „Mozart", für den ich Ihnen nachträglich Dank sage, hat hier bei Alt und Jung, Mann und Weib den außerordentlichsten Beifall errungen. Das Buch hat zu meiner Freude einmal rasch und glücklich durchgeschlagen. „Es ist," schreibt mir Kugler, dem ich es zum Geburtstag schickte, „eine überaus meisterhafte Arbeit, die mich aufs Tiefste innerlich angeregt und mir ungemein wohl gethan hat."

Wie gerne hätte ich Ihnen meinen „Hinzelmeier, eine nachdenkliche Geschichte" geschickt: aber das Buch soll sofort mit L. Richterschen Illustrationen heraus, und der liebenswürdige Meister leidet an den Augen; wodurch denn das Erscheinen zur Zeit behindert ist. Es wird Ihnen, wenn auch nicht ganz, so doch im Ganzen besser gefallen, als mein Letztes. Kuglers treffliche Verurtheilung der „Angelika" theile ich Ihnen ein nächstes Mal mit.

Meine Person anlangend, so bin ich gegenwärtig

Strohwittwer; seit über 14 Tagen schon sind Frau und Kinder zu den Schwiegereltern nach Segeberg gereist; von dort geht es dann nach einigen Wochen zu meinen Eltern nach Husum. Ich bin vorläufig mit der Köchin Rese geblieben; werde aber, da mein Arzt mir wegen Augenschwäche zweimonatliche Ruhe und Kissingen anbefohlen, am Montag (9. Juni) nachfolgen, und wird mich Ihre Antwort unter der Adresse: „H. Justizrath Esmarch in Segeberg, Herzogth. Holstein" treffen.

Meine definitive Anstellung ist aus Gründen des althergebrachten Schlendrians noch immer nicht erfolgt, und so leben wir denn noch immer auf provisorischem Fuß im vollsten Gefühl der Heimathlosigkeit. Doch hoffe ich, daß die Sache bis zum Herbst in Ordnung kommt. Sonst haben Frau und Kinder sich wohl befunden; meine Jungens haben sogar etwas gelernt, so daß ich jedem von ihnen einen wirklichen Schreibebrief habe schicken können; H... soll auch schon die Antwort selbständigst angefertigt, und verlackt und dann vergessen haben.

Ihrer kleinen Fanny geht es hoffentlich eben so gut wie unsrer — kleinen kann ich von der großen Dirne kaum sagen — Lisbeth. Die Frauen sind doch bezaubernde Geschöpfe und zwar sofort, sobald sie auf die Welt kommen!

Und jetzt für heute leben Sie wohl! Die Schrift verschwimmt mir vor den Augen. Grüßen Sie die Ihrigen, Frau und Schwester, herzlich von
   Ihrem
      Theodor Storm.

NB. Wie steht es mit der poetischen Reproduction Ihres Landschaftsbildes?

13. Storm an Mörike.

Heiligenstadt auf dem Eichsfelde,
3. Februar 1859.

Nein, mein verehrter lieber Freund und Meister, heute kann ich Ihnen denn doch ein paar Zeilen von mir nicht ersparen.

Ich muß ein wenig ausholen! — Im Herbst sind es zwei Jahre her, daß ich hier der Kreisrichterei obliege. Lange lebte ich hier nur meiner Familie und in großer Einsamkeit; ich hatte Niemanden, der an mir und an dem ich einen herzlichen Antheil genommen. Da führte ein günstiges Geschick einen Sohn des commandirenden Preuß. Generals v. W..... als Landrath des Kreises hieher, einen Mann von umfassender Bildung und jugendlicher Begeisterung für das Schöne, dabei von einer Amtstüchtigkeit, die ihn sicher noch einmal zu einer bedeutenden Stellung im Staate führen wird.

Wir beide und unsre Familien stehen in fast täglichem vertraulichsten Verkehr; wir verleben die heitersten anregendsten Abende miteinander. Natürlich wurden auch Ihre Dichtungen besprochen. Er kannte und besaß Ihre Gedichte; "Früh, wenn die Hähne kräh'n!" war auch ihm als eine Perle haften geblieben. Ich gab ihm den "Nolten", den er noch nicht kannte. Er las und las, und konnte kein Verhältniß zu dem Buche finden; er fing an zu demonstriren, ich fing an zu demonstriren; die Tiefe der poetischen Anschauung und Empfindung ging an ihm verloren, weil er sich die Composition des Ganzen nicht reimen konnte — wie ihm denn überhaupt die Gedankenpoesie am nächsten steht — o, wir wurden sehr wild; kommen im Menschen-

leben doch Momente, wo man am liebsten mit der Faust
demonstriren möchte; und die Frauen nahmen auch Partei.
Schließlich, wir blieben vor einander stehen, wie ja und nein.
Da gab ich ihm heut Vormittag den „Mozart", und
heut Nachmittag, da ich mit Constanze und den Kindern
— es sind ihrer immer nur noch die 3 Jungens und die
Lisbeth — beim Thee sitze, erhalte ich inliegenden Brief,
mit einem Begleitschreiben, das da beginnt: „Da hast du
deinen verrückten Freund, weiß selbst nicht was ich ge=
schrieben; bin ganz toll, habe geheult, habe — Himmel
tausend Donnerwetter, will denn der Paroxismus nicht
wieder fort! Hätte ich die verfluchten — (das alte Acten=
übel nemlich) — nicht, ich kaufte mir Einen!" Und ferner:
„Also du entscheide, und bewahre mich vor einer Dumm=
heit oder Lächerlichkeit!"

Ich meinerseits, dieser gründlichen Bekehrung froh,
gebe diese Briefe sofort zur Post, und versichere nur noch,
daß mein Freund ein Mensch von dem vortrefflichsten
Herzen ist. Lassen Sie sich daher seine Freude und Liebe
gefallen.¹)

---

¹) Der beigelegte Brief lautet:

„Heiligenstadt, 3. Febr. 1859.

Hochverehrter Herr! Es ist so meine Gewohnheit, Nachmittags mich
auf mein Sopha zu legen, um, ein Buch in der Hand, lesend und
endlich einschlummernd von meinem schweren und trockenen Beruf
auszuruhen. Heute war's auch so; ich griff nach „Mozart auf der
Reise nach Prag", einem Buch, das mein Freund Storm mir heute
Vormittag gebracht hatte. Aber — ich legte es nicht wieder hin;
Poesie und Musik fesselten mich, wie magisch gebannt mußte ich
Ihnen folgen und die Seele flog mit Ihren Gedanken hinaus über
die Wolken. Wenn etwas beweisen kann, daß die Poesie gottgeboren,
daß wirklich ein Tropfen Nektar zur Erde gefallen, daß ein Funken

Wollen Sie noch etwas von mir und den Meinigen
wissen? Wir sind alle leiblich wohl; aber die saftige Quelle
der Jugend beginnt allgemach mir zu versiegen. Lieber
schreibe ich nicht mehr. Dennoch werden Sie diesen Herbst
ein neues Buch von mir erhalten mit 4 kleinen Stücken
in Prosa. Das erste „Auf dem Staatshof" (in der „Argo"
pro 1859 abgedruckt) ist so recht aus heimseliger Erinnerung
erwachsen, und wird Ihnen, glaub' ich, mehr zusagen, als
was Sie zuletzt von mir gesehen; außerdem wird das
Büchlein enthalten: „Wenn die Äpfel reif sind" (in der
„Argo" pro 54) und „Posthuma" und „Hävelmann" aus
den Sommergeschichten.

Ihre Mittheilung des Hölderlinschen Liedes in dem
Düsseldorfer Album erinnerte mich lebhaft an den Abend

unendlichen Lichtes von der ewigen Leuchte einst geraubt worden, so
ist es die in ihr wohnende Kraft, die irdische Seele der Erde zu ent‑
reißen. Das ist die Befriedigung jenes Dranges!

„Ach, könnt' ich doch auf Bergeshöh'n u. s. w. in deinem Thau
gesund mich baden." Nur mit Mühe kann ich mich wieder greifen
und zurückführen in die körperliche Gegenwart; noch klopft mein
Herz, noch thränen die Augen und nicht um Ihnen zu danken, sitze
ich und schreibe an Sie, — nein, um der Fülle der Gefühle, die mich
bewegen, Ausdruck, Abfluß zu geben. Was könnte Ihnen auch an
dem Dank eines Unbekannten, Ungenannten liegen; und doch, wüßte
ich so recht zu sagen, was ich denke, was ich fühle, Sie freuten sich
doch! Sie müßten dem ewigen Gotte danken, der Ihnen die Seele
eingehaucht, der diese Seele geküßt und Ihnen in dem Kuß die Fülle
der Poesie, der Kunst zu eigen gegeben. Ich sage der Kunst: denn
wenn das letzte Ziel aller Künste das Schöne, das ewig Schöne ist,
so ist auch eine Kunst der andern gleich. Nur verschiedene Seiten
desselben Lichtstrahls, wie ja auch in dem irdischen Sonnenstrahl alle
Funken enthalten sind. Eine solche Vereinigung der Musik und der
Poesie wie in Ihrem Mozart traf ich noch nie, oder richtiger: traf
mich noch nie. Noch weiß ich nicht, ob ich eine Dichtung im Worte

in Stuttgart, wo Sie mir es im Manuscript zeigten. ¹) —
— Wie gern säh ich Sie einmal wieder, Ihre Frau, Ihre
Schwester und die kleine Fanny. Wenn Sie doch einmal
kommen könnten! Jetzt, wo auch W..... da ist, dessen
Haus und Garten frei im Angesicht der Berge liegt und
der die reichste angenehmste Häuslichkeit hat, würde es
Ihnen im Sommer schon eine Zeit lang hier gefallen.
Oder wollen Sie im August mit nach Husum an die
Nordsee, nach den Friesischen Inseln? Ich reise dann zum
ersten Mal von hier nach Haus zu meinen alten Eltern,
die noch in gleicher Rüstigkeit stehen, wie Sie sie damals
in Stuttgart kennen gelernt. Auch ihre Herzen sind noch
so warm geblieben, wie sonst, und die Liebe aus der
Heimath läßt mich im fremden Land nicht los. Noch zum

gehört oder ob ich die Wellen der höchsten göttlichsten Musik im
Geiste vernommen. Der unsterbliche Mozart saß bei mir und ich
lauschte ihm, seiner Musik, seinen Gesprächen, verband mich seinen
Gedanken. Hei, wie das sprühte und blühte! wie ich das Genießen
nicht satt werden konnte, wie mein Genießen ihn höher und höher
begeisterte! Wie Leben und Streben, Gegenwart und Zukunft zu=
sammenfloß im Finale des Don Juan! Glücklicher Mozart, der dir
die Gottheit die Flamme im Herzen entzündete und dir gab, daß du
dein Feuer ausströmen lassen konntest!
Aber auch einen wirklichen herzlichen heißen Dank bring ich
Ihnen dar, für den heutigen Tag, den der Seligkeit anticipirten!
Halten Sie mich für keinen Schwärmer: bin Landrath, 39 Jahr,
glücklicher Familienvater, gesund am Körper und Geist, liebe das
Vergnügen des Geistes, wie das des Körpers und habe bis heute
nie an mir unbekannte Dichter geschrieben. Sie aber mögen mit den
lieben Augen Ihres Portraits bei meinem Storm auf diese Zeilen
blicken und — sie zerreißen.
Ihr —
ich finde kein Beiwort
v. W....."
¹) Vgl. auch Westermanns Jahrbuch Bd. 30, 663.

letzten Weihnachten wurde uns von den Eltern ein Klavier geschenkt, was ich seit meiner Auswanderung entbehrt hatte. So ist die Hausmusik denn auch wieder da; wenn nur auch die Stimmen sich wieder herstellen ließen!

Die Schwester, die damals mit in Stuttgart war, ist leider seit Jahr und Tag im Irrenhaus; es war die letzte lebende Tochter, und meine Mutter hat dieß Leid wohl nur dadurch überwunden, in etwas wenigstens, daß mein jüngster Bruder, ein liebenswürdiger Junge und verlobt mit einer ebenso liebenswürdigen Braut, einer Schwester meiner Frau, seit einem Jahr als schon vielbeschäftigter Arzt in Husum seßhaft ist, und so in der alten Heimath das Fortbestehen der Familie hoffen läßt.

Doch — da führ' ich Sie, meiner Gewohnheit gemäß, schon wieder in die interna unsres Hauses. Aber — wir grüßen Sie Alle herzlich!

Ihr

Theodor Storm.

14. Storm an Mörike.

Heiligenstadt, 23. Novbr. 1862.

Lieber, schweigsamer Mann, angeschlossen erhalten Sie mein neuestes Buch „Auf der Universität", vor das ich mir erlaubt habe, Ihren Namen zu setzen. Mögen Sie es dieser Verbindung nicht völlig unwerth erachten!

Ich und die Meinigen leben und sind auch leiblich gesund; zu den drei Knaben und der Lisbeth ist vor zwei Jahren noch eine Lucie gekommen; ein sechstes wird nach Neujahr erwartet. So wird das Päckchen immer ein wenig schwerer. Meine Eltern, die Sie damals in Stuttgart sahen, haben wir im vergangenen Sommer mit allen fünf Kindern in der Heimath besucht; sie sind eigentlich beide noch ohne die Beschwerden des Alters.

Könnte ich doch einmal wieder ein Wort, ein unmittelbares, über Sie und die Ihrigen erfahren! Indessen, reden oder schweigen Sie, ich bleibe unter allen Umständen in alter Liebe und Verehrung

Ihr

Th. Storm.

15. Storm an Mörike.

Husum, 3. Juni 1865.

Mein verehrter Freund!

Nach langer Zeit komme ich wieder einmal zu Ihnen; dieß Mal aber als ein Mann, dessen Lebensglück zu Ende ist, und über dessen Zukunft die Worte stehen, die Dante über seine Hölle schrieb.

Aus der Zeitung haben Sie vielleicht erfahren, daß ich im Frühjahr v. J. zu einer ehrenvollen Stellung in die Heimath zurückberufen wurde. Seit März v. J. bin ich als Landvogt (d. h. Justizbeamter und Polizeimeister des Amtes — Landbezirks — Husum) constituirt und wohne wieder in der alten „grauen Stadt am Meer". Im Mai v. J. folgte mir meine Frau mit den sechs Kindern von Heiligenstadt hieher. So lebten wir denn wieder, wo wir einst gelebt, mit den beiden noch rüstigen Eltern und einem jungen, so ganz zu uns gehörigen Geschwisterpaar, meinem jüngsten Bruder, einem vielbeschäftigten Arzte, und seiner

Frau, einer jüngern Schwester der meinigen; vor einigen Wochen bezogen sie ein Haus neben uns, so daß wir durch die Zaunlücken unsrer Gärten zu einander kommen konnten. Wie in Heiligenstadt hatte ich schon einen großen Gesang=verein begründet, in dem auch die beiden lieben Frauen mitsangen. — Aber es sollte nicht so bleiben; die eine ist von uns gegangen: meine Constanze. Nachdem sie am 4. Mai d. J. unser siebentes Kind, eine Tochter, geboren, ist sie am 20. deß. Mts. nach schwerem Kampfe, zuletzt doch sanft, an dem überall jetzt epidemisch auftretenden Kindbettfieber gestorben. Nachdem ich mit Freundeshülfe sie, wie wir es uns in gesunden Tagen versprochen, selbst in ihren Sarg gelegt, wurde sie in der Frühe eines köst=lichen Maimorgens von den Mitgliedern meines Gesang=vereins nach unserer Familiengruft getragen; als die neu=gierige Stadt erwachte, hatte ich schon all mein Glück begraben. — Sie wissen ja, daß ich Ihren glücklichen Glauben nicht zu theilen vermag; Einsamkeit und das quälende Räthsel des Todes sind die beiden furchtbaren Dinge, mit denen ich jetzt den stillen unabläßigen Kampf aufgenommen habe. Gleichwohl bin ich nicht der Mann, der leicht zu brechen ist; ich werde keines der geistigen In=teressen, die mich bis jetzt begleitet haben und die zur Er=haltung meines Lebens gehören, fallen lassen; denn vor mir — wie es in einem Gedichte heißt — liegt Arbeit, Arbeit, Arbeit! Und sie soll, so weit meine Kraft reicht, gethan werden.

Nun aber kommen meine Kinder und ich bei Ihnen betteln. Sie besitzen ein Bild unserer geliebten Todten, das am genauesten ihre äußere Erscheinung wiedergiebt, wenn auch jener Ausdruck süßester, holdester Herzensgüte nicht darin lebendig geworden ist, der, wo sie immer gelebt hat, alle Menschen entzückte und ihr alle Herzen gewann. Wenn Sie das Bild noch besitzen, so geben Sie es uns zurück! Ich werde Photographieen davon machen lassen, und Ihnen davon eine, sowie später auch eine Photographie eines schönen en face aufgenommenen Kreidebildes schicken, an dem der Maler, mein Freund Ludwig Pietsch, der es in glücklicher Zeit gezeichnet hat, aber noch einen etwas fremden Zug um den Mund beseitigen muß. Wenn Sie die Güte haben, uns jenes Typbild zu schicken, so sind ihre Frauen wohl so freundlich, es in ein sichres Kästchen fest einzulegen; denn ich zittre vor einer Verletzung dieses unersetzlichen Kleinods.

Wenn Sie mir dann vielleicht ein Wort dabei schrei= ben, werde ich dann auch über Sie, Ihre Frau, Ihre Schwester, und Ihre Kinder etwas hören? Meine Lisbeth soll, denke ich, im Laufe des Sommers als Gegengabe für Fanny und Schwesterchen im Bilde bei Ihnen erscheinen; zu Weihnachten hoffentlich auch ein Büchlein „Drei Mär= chen" — „Die Regentrude" — „Bulemanns Haus" — „Der Spiegel des Cyprianus" — die ich alle noch unter den Augen der geliebtesten Frau geschrieben habe.

Mit herzlichem Gruß an Sie und die Ihrigen
Theodor Storm.

Wie haben meine Frau und ich uns noch in letzter Zeit wiederholt an Ihrem schönen Gedichte „Erinna an Sappho" entzückt! nicht ahnend, daß der Eine von uns so bald dem Andern in die nachtschaurige Kluft nachblicken sollte.

16. Mörike an Storm.

Stuttgart, den 10. Juni 1865.

Verehrter theurer Freund!

Gleich bei den ersten Zeilen Ihres Briefes errieth ich Alles! — ein angstvoll voreilender Blick auf die folgende Seite bestätigte mir's. — Ich fieng von Neuem an zu lesen und als ich fertig war, vermochte ich lange nicht meine Leute zu rufen, um es ihnen zu sagen. Mein erster Eindruck war ein dumpfer Schreck, ein verworrener Schmerz, augenblicklich mit tausend bitteren Gedanken versetzt, die sich wider mich kehrten. Um die reine Empfindung der edelsten Trauer und deren Ausdruck Ihnen gegenüber sollte ich mich, so schien es, durch eine Reihe unbegreiflicher Versäumnisse ganz und gar selbst gebracht haben. Und doch kam es bald anders; es war etwas in mir, das mich auf Ihre Güte hoffen ließ, nachdem dieß redliche Bekenntniß abgelegt wäre. Bester Mann, ich kann für diesmal nicht viel weiter sagen, allein ich komme sicherlich in nächster Zeit wieder.

Hier folgt das liebe Bild. Wie oft ist es die Jahre her von uns und Anderen beschaut und bewundert worden! Wir haben es zum Abschied noch Alle einmal lange angesehen und trösten uns auf den von Ihnen gütigst verheißenen Ersatz.

In Ihrem letzten Büchlein[1]) kommt die herrliche Beschreibung eines in Mittags-Einsamkeit von Bienen umsummten blühenden Bäumchens. Diese Schilderung (mit der ich schon manchem Freund einen vorläufigen Begriff

---

[1]) „Auf der Universität."

der süßesten Reize Storm'scher Malerei gegeben habe) trat mir in diesen Tagen ungesucht auf einmal vor die Seele und ich wußte kein schöneres Bild für den stillen Verkehr Ihrer Gedanken mit der geliebten Frau im Nachgenuß alles dessen, was Sie an ihr hatten. Erhalten Sie sich Ihren männlichen Muth für das Leben, für Ihre ruhmvolle Thätigkeit nach mehr als Einer Seite.

Wir grüßen Sie und Ihre Lieben auf das Innigste; ich aber insbesondere bin mit unveränderlicher Verehrung und Anhänglichkeit der Ihrige.

E. M.

17. Storm an Mörike.

Altona (zum Besuch bei Verwandten), 6. Juli 1865.

Lieber Freund Mörike, haben Sie Dank für Ihren herzlichen Brief und für die Rücksendung des Bildes meiner Geliebtesten. Ich denke im Herbst nach Berlin zu kommen und will es dann dort vervielfältigen lassen. — Halten Sie Ihr Versprechen, schreiben Sie mir einmal wieder: von sich selbst, von Ihren Lieben. Ich bedarf jetzt solcher Erquickung; und was könnte ich, nachdem mein Leben in seinem eigentlichsten Kern zu Ende ist, jetzt noch Besseres haben, als die Theilnahme von dem Leben derer, die mir theuer sind. Mein kleines mutterloses Kind (ich muß das Ihren Frauen schon erzählen), das einzige von den sieben, das nicht an seiner Mutter Brust gelegen, scheint bei der Amme endlich zu gedeihen, obgleich es noch bleich ist; wie es das Kind einer todten Mutter denn auch von Rechts=

wegen sein muß. Außer ihm kommen der Reihe nach noch drei kleine Mädchen: Elsabe (zweieinhalb Jahre), Lucie (viereinhalb) und Lisbeth (zehn Jahre), süße liebe Kindergesichter; dann kommen die drei älteren Knaben. Das Alles drängt sich jetzt um mich herum. Meinen Hausstand führ' ich vorläufig mit einem jungen Mädchen, die als Gehülfin in unser Haus kam, die aber auch jetzt den größeren Pflichten gewachsen scheint.

Ich schreibe Ihnen noch ein paar Verse aus diesen Tagen hin; aber mir ist, als vermöchte ich nicht mehr so recht zu sagen, „was ich leide"; ist ja doch meine Muse für immer schlafen gegangen! — Das ist nicht nur so hingesagt; außer ein paar Versen, die die Sehnsucht nach ihr hervorrief, habe ich niemals eine Zeile geschrieben, wenn sie nicht bei mir war. Nur wenn ihre Hand mich festhielt auf der heimathlichen Erde, konnte ich sorglos in die luftige Traum-Region hinaufsteigen. Zu den Versen, die ich ihrer gedenkend in der Ferne schrieb, gehören die vier Zeilen in „Ein Sterbender": „Hier diese Räume, die du einst bewohnt" ꝛc. Ich war damals in Segeberg in ihrem elterlichen Hause, und ein dort hängendes melancholisches Bild von ihr hatte mich Abends vor dem Schlafengehen mit tödtlicher Sehnsucht getroffen. Überhaupt geht durch alle Briefe unsres zehnmaligen zeitweiligen Getrenntseins seit dem Verlassen der Heimath (auf Besuchen bei unsern Eltern) stets die Angst, sie zu verlieren; es war wohl die natürliche Folge von dem Bewußtsein des seltnen Glücks, sie zu besitzen. — Das ist jetzt dahin; und es gilt weiter zu leben — ohne sie.

So komme ich denn auch zu einer bestimmten Bitte, ein buch- oder kunsthändlerisches Unternehmen des Herrn Spiro hier betreffend. Der gedruckte Plan wird Ihnen die Art desselben anzeigen. Nachdem ich mich an Ort und Stelle überzeugt, daß wohl die Meisten der jetzigen Poeten ihm Handschriften eingesandt (Geibel, Anastasius Grün, Simrock, Bodenstedt ꝛc.; von Otto Ludwig ist auch etwas da) und daß die Fac-Similes vortrefflich gemacht werden, so bitte ich auch Sie, das wirklich hübsche Unternehmen durch Ihre Handschrift („Früh, wenn die Hähne kräh'n" etwa) zu vervollständigen. Thun Sie's mir zu Gefallen und bitten auch Fischer, daß er beisteuere. Ich fange an, mich sehr für dieß kleine Unternehmen zu interessiren.

Und nun herzlichen Gruß an Sie und die Ihrigen!

Ihr
Theodor Storm.

Das Wort der Klage ist verstummt,
Ich habe keine Thränen mehr;
Als trüg ich alle Schuld der Welt,
So liegt es in mir tobt und schwer.

Das ist die Sehnsucht, die in Qual
Um deine holde Nähe wirbt;
Doch eh' sie noch das Herz erreicht,
Muthlos die Flügel senkt und stirbt.

Ein Leib und eine Seele, wie wir waren,
Kann ich von deinem Tode nicht genesen;
Wie du zerfällst einsam in deinem Grabe,
So fühl' ich mich, mein Leben, mit verwesen.

Da ich ein Sänger bin, so frag' ich nicht,
Warum so still die Welt nur meinem Ohr;
Die eine, die geliebte Stimme fehlt,
Für die nur alles Andre war der Chor[1]).

---

[1]) Vgl. Gedichte, S. 159.